职业院校汽车类专业人才培养改革创新示范教材

汽车文化

韩永刚　主　编

电子工业出版社·

Publishing House of Electronics Industry

北京·BEIJING

内容简介

本书是一本将知识性与趣味性结合为一体的有关汽车文化知识的教材。从汽车**概念**、汽车的性能与汽车分类、编号规则、世界汽车发展概述、我国汽车的发展与现状、汽车造型的演变、汽车色彩及其设计因素、世界主要汽车公司及商标、中国著名汽车公司及商标、经典名车、著名汽车企业家和设计师、精彩汽车运动、**汽车新技术与汽车未来**等方面进行了全方位的论述。

本书是职业院校汽车类专业人才培养改革创新示范教材之一，内容丰富、图文并茂，适合于汽车修理行业相关专业以及大中专院校的师生使用，也适合于汽车维修技术人员、驾驶员以汽车爱好者参考阅读。

未经许可，不得以任何方式复制或抄袭本书之部分或全部内容。

版权所有，侵权必究。

图书在版编目（CIP）数据

汽车文化／韩永刚主编. —北京：电子工业出版社，2012.7（2025.8 重印）
职业院校汽车类专业人才培养改革创新示范教材
ISBN 978-7-121-17483-4

Ⅰ. ①汽⋯　Ⅱ. ①韩⋯　Ⅲ. ①汽车—文化—中等专业学校—教材　Ⅳ. ①U46-05

中国版本图书馆 CIP 数据核字（2012）第 143251 号

策划编辑：杨宏利　　　yhl@phei.com.cn
责任编辑：杨宏利　　　特约编辑：赵红梅
印　　刷：北京七彩京通数码快印有限公司
装　　订：北京七彩京通数码快印有限公司
出版发行：电子工业出版社
　　　　　北京市海淀区万寿路 173 信箱　邮编　100036
开　　本：787×1 092　1/16　印张：9.25　字数：236.8 千字
版　　次：2012 年 7 月第 1 版
印　　次：2025 年 8 月第 12 次印刷
定　　价：25.80 元

前　言

为了贯彻落实国务院、教育部《关于大力发展职业教育的决定》，实施职业学校深化课程与教材改革，建设能够反映时代特征，具有职业教育特色，满足学生发展多元化需要的职业教育课程和教材。为满足人们对现代汽车与汽车文化的浓厚兴趣，以及渴望对现代汽车与汽车文化有一个概括性的了解，开阔视野，普及汽车基本知识，传播和弘扬汽车文化，我们组织编写了《汽车文化》这本教材。本教材以较翔实的内容，对汽车文化做了介绍。本教材由长期在相关汽车行业中从事职业教育的窦洛海、王玉敏、马萍萍、任惠巧、何继华、罗丽君、李琦、韩永刚几位老师编写。在编写中也得到了长期在汽车行业工作的有关人士的帮助指导，在此一并感谢。

本教材可能有不足之处，还恳请使用者提出宝贵意见，我们希望能够在积极贯彻落实职业教育深化教材改革任务的同时，也能为汽车行业的就业者和在业者提供有关汽车文化的知识，为我国职业教育的发展做出自己应有的贡献。

编　者

目　　录

第一单元　绪论 1
　课题一　汽车概念 1
　　一、中国对汽车概念的解释 2
　　二、美国对汽车概念的解释 2
　课题二　评价汽车的性能与汽车分类、编号规则 3
　　一、汽车的性能 3
　　二、汽车分类、编号规则 5
　课题三　汽车文化 7
　单元小结 10
　思考与练习 10

第二单元　汽车史话 11
　课题一　世界汽车发展概述 11
　　一、汽车的诞生历史 11
　　二、世界汽车工业发展史 13
　　三、世界汽车工业的发展趋势 14
　课题二　我国汽车的发展与现状 15
　单元小结 21
　思考与练习 21

第三单元　汽车造型设计文化 22
　课题一　汽车造型的演变 22
　　一、影响汽车造型的三要素 22
　　二、汽车造型的演变过程 23
　课题二　汽车色彩及其设计因素 29
　　一、汽车色彩 29
　　二、汽车色彩的设计因素 31
　单元小结 33
　思考与练习 33

第四单元　汽车品牌文化 34
　课题一　世界主要汽车公司及商标 34
　　一、美国著名的汽车公司及其商标 35
　　二、德国的著名汽车公司及其商标 44
　　三、法国的著名汽车公司及其商标 49
　　四、英国的著名汽车公司及其商标 51

　　　五、意大利的著名汽车公司及其商标 ………………………………………………………… 53

　　　六、日本的著名汽车公司及其商标 …………………………………………………………… 56

　　　七、韩国的著名汽车公司及其商标 …………………………………………………………… 60

　　　八、其他国家的著名汽车公司及其商标 ……………………………………………………… 61

　　课题二　中国著名汽车公司及商标 ……………………………………………………………… 64

　　　一、第一汽车集团和商标 ……………………………………………………………………… 64

　　　二、东风汽车集团和商标 ……………………………………………………………………… 65

　　　三、上海汽车集团和商标 ……………………………………………………………………… 66

　　　四、重庆长安汽车集团 ………………………………………………………………………… 67

　　　五、中国其他重要汽车厂商 …………………………………………………………………… 67

　　单元小结 …………………………………………………………………………………………… 69

　　思考与练习 ………………………………………………………………………………………… 70

第五单元　汽车经典与汽车时尚 …………………………………………………………………… 71

　　课题一　经典名车 ………………………………………………………………………………… 71

　　　一、经典名车 …………………………………………………………………………………… 71

　　　二、经典跑车 …………………………………………………………………………………… 80

　　　三、旋酷的现代乘用车 ………………………………………………………………………… 85

　　课题二　著名汽车企业家和设计师 ……………………………………………………………… 89

　　　一、影响汽车业发展的著名汽车设计师和企业家 …………………………………………… 89

　　　二、汽车名人对汽车业的贡献 ………………………………………………………………… 90

　　课题三　汽车时尚 ………………………………………………………………………………… 101

　　　一、汽车俱乐部 ………………………………………………………………………………… 102

　　　二、汽车与电影 ………………………………………………………………………………… 104

　　　三、汽车与广告 ………………………………………………………………………………… 105

　　　四、汽车与音乐 ………………………………………………………………………………… 106

　　　五、汽车车展 …………………………………………………………………………………… 106

　　课题四　汽车运动 ………………………………………………………………………………… 110

　　　一、汽车运动的起源 …………………………………………………………………………… 111

　　　二、赛车组织机构 ……………………………………………………………………………… 111

　　课题五　精彩的汽车赛事 ………………………………………………………………………… 112

　　　一、方程式汽车赛 ……………………………………………………………………………… 112

　　　二、美国印第 500 英里汽车大赛 …………………………………………………………… 114

　　　三、勒芒 24h 耐力锦标赛 …………………………………………………………………… 115

　　　四、汽车拉力赛 ………………………………………………………………………………… 116

　　　五、卡丁车赛 …………………………………………………………………………………… 116

　　单元小结 …………………………………………………………………………………………… 117

　　思考与练习 ………………………………………………………………………………………… 118

第六单元　汽车新技术与汽车未来 ………………………………………………………………… 119

　　课题一　汽车电子化及控制网络化 ……………………………………………………………… 119

　　　一、现代汽车电子化的典型装置 ……………………………………………………………… 120

二、汽车控制网络化 ··· 122

课题二　汽车智能化和智能运输系统 ································· 123

一、智能汽车 ··· 124

二、智能运输系统 ·· 126

课题三　汽车新材料及其应用 ··· 127

一、新型结构材料 ·· 127

二、新型功能材料 ·· 129

课题四　新能源汽车 ·· 130

一、新能源汽车 ··· 131

二、中国新能源汽车的发展 ·· 135

单元小结 ·· 136

思考与练习 ··· 136

第一单元 绪　　论

课题一　汽车概念

❖ 学习目标

1. 了解不同国家的汽车概念;
2. 掌握我国的汽车概念。

❖ 知识结构

课题一	我国关于汽车的概念
	美国、日本关于汽车的概念

问题导入

如图 1-1 所示，汽车是大家每天都要见面的"朋友"。大家知道世界各国对于这个亲密的"朋友"是如何认识的吗?

图 1-1　汽车

基本内容

"汽车"（automobile），英文原译为"自动车"，在日本称"自动车"（日本汉字中的汽车则是指我们所说的火车），其他文种也多以"自动车"作为汽车的称谓。有些进行特种作业的轮式机械以及农田作业用的轮式拖拉机等，在少数国家被列入专用汽车行列，我国分别将其列入工程机械和农用机械之中。

一、中国对汽车概念的解释

按照国家最新标准 GB/T 3730.1—2001 对汽车的定义为：由动力**驱动**，具有四个或四个以上车轮的非轨道承载的车辆，主要用于：载运人员和（或）货物；牵引载运人员和（或）货物的车辆；特殊用途。本术语还包括：1）与电力线相联的车辆，如无轨电车；2）整车**整备质量超过 400kg** 的三轮车辆。

由此可见，在中国，汽车是指有自身装备的动力装置驱动，一般具有四个或四个以上车轮，不依靠轨道或架线而在陆地行驶的车辆。汽车通常被用做载运客、货和牵引客、货挂车，也有为完成特定运输任务或作业任务而将其改装或经装配了专用设备的专用车辆，但不包括专供农业使用的机械。全挂车和半挂车并无自带动力装置，它们与牵引汽车组成汽车列车时才属于汽车范畴。

二、美国对汽车概念的解释

美国汽车工程师学会标准 SAEJ 687C 中对汽车的定义是：由本身动力驱动，装有驾驶装置，能在固定轨道以外的道路或地域上运送客货或牵引车辆的车辆。如图 1-2 所示。此定义给出了汽车的用途，但是没有指明动力装置的形式，也没有对车轮数目进行限制。按照这一定义，摩托车（见图 1-3）、拖拉机均属于汽车，而装甲车、坦克都不属于汽车范畴。

图 1-2 汽车　　　　　　　　　　　　　图 1-3 摩托车

日本工业标准 JISK 0101 中对汽车的定义是：自身装有发动机和操纵装置，不依靠固定轨道和架线能在陆地上行驶的车辆。这一定义没有指明汽车的用途。按照定义，在道路上玩耍的儿童玩具也属于汽车，如图 1-4 和图 1-5 所示。

图 1-4 儿童汽车玩具一　　　　　　　　图 1-5 儿童汽车玩具二

课题二　评价汽车的性能与汽车分类、编号规则

❖ 学习目标

1. 掌握汽车的性能及汽车的分类；
2. 了解汽车的编号规则。

❖ 知识结构

课题二	评定汽车的六个性能以及汽车的七大分类
	汽车的编号规则

想一想

在满足汽车使用的要求下，衡量汽车的性能主要有哪些？

基本内容

一、汽车的性能

通常用来评定汽车的性能指标主要有动力性、燃油经济性、制动性、稳定性、平顺性及通过性六个。

（一）动力性

汽车的动力性是汽车首要的使用性能，用汽车在良好路面上直线行驶时所能达到的平均行驶速度来表示，汽车必须有足够的牵引力才能克服各种行驶阻力正常行驶。汽车动力性主要由三个方面来评定：最高车速；汽车的加速时间；汽车的爬坡能力（汽车所能爬上的最大坡度）。

（1）最高车速——指汽车满载时在平坦良好的路面上行驶所能达到的最高速度。数值越大，动力性就越好。

（2）汽车的加速时间——指汽车在各种使用条件下迅速增加汽车行驶速度的能力，加速过程中加速用的时间越短，加速度越大和加速距离越短的汽车加速性能就越好。特别是轿车，加速时间更为重要。常用原地起步加速时间及超车加速时间来表示。

（3）汽车的爬坡能力（即上坡能力）——指汽车满载时以最低挡位在坚硬路面上等速行驶所能克服的最大坡度来表示，称为最大爬坡度，它表示汽车最大牵引力的大小。

不同类型的汽车对上述三项要求各有不同，轿车与客车偏重于最高车速和加速能力，载重汽车和越野汽车对最大爬坡度要求较严，但不论何种汽车，要在公路上正常行驶必须具备一定的平均速度和加速能力。

（二）燃油经济性

汽车的燃油经济性常用一定工况下汽车行驶百千米的燃油消耗量或一定燃油量能使汽车

行驶的里程来衡量。在我国及欧洲的国家，汽车燃油经济性指标的单位为 L/100km，而在美国，则用 MPG 或 mi/gall 表示，即每加仑燃油能行驶的千米数。燃油经济性与很多因素有关，如行驶速度，当汽车在接近于低速的中等车速行驶时燃油消耗量最低，高速时随车速增加而迅速增加。另外，汽车的保养与调整也会影响到汽车的油耗量。

（三）制动性

汽车行驶时在短距离内停车且维持行驶方向稳定，以及汽车在下坡时维持一定车速的能力成为汽车的制动性。汽车的制动性能主要有制动效能、制动效能的恒定性、制动时汽车的方向稳定性、汽车的制动过程。

（1）制动效能——汽车在良好路面上以一定初速度起步到停车的制动距离来评价，制动距离越短制动性能越好。汽车的制动效能除和汽车技术状况有关外，还与汽车制动时的速度以及轮胎和路面的情况有关。

（2）制动效能的恒定性——制动器的抗衰退性能，是指汽车高速行驶下下坡连续制动时，制动器连续制动效能保持的程度。

（3）制动时汽车的方向稳定性——汽车制动时不发生跑偏、侧滑及失去转向能力的性能。目前主流车型均配置 ABS、ESP 等就是为了提高方向稳定性。

（4）汽车的制动过程——制动机构的作用时间。

（四）稳定性

汽车的操控稳定性是指司机在不感到紧张、疲劳的情况下，汽车能按照司机通过转向系统给定的方向行驶，当遇到外界干扰时，汽车所能抵抗干扰而保持稳定行驶的能力。

汽车操控稳定性通常用汽车的稳定转向特性来评价。转向特性有不足转向、过度转向及中性转向三种状况。有不足转向特性的汽车，在固定方向盘转角的情况下绕圆周加速行驶时，转弯半径会增大；有过度转向特性的汽车在这种条件下转弯半径则会逐渐减小；有中性转向特性的汽车则转弯半径不变。由于过度转向特性的汽车在转弯时容易发生剧烈的回转，从而导致翻车事故的发生，因此在汽车设计中要尽量杜绝汽车具有过度转向特性。易操控的汽车应当有适当的不足转向特性，以防止汽车出现突然甩尾现象。

（五）平顺性

汽车在行驶过程中由于路面不平的冲击，会造成汽车的震动，使乘客感到疲劳和不舒适，货物损坏，为防止上述现象的发生，不得不降低车速，同时震动还会影响汽车的使用寿命，汽车在行驶中对路面不平的降震程度，称为汽车的行驶平顺性。

对高速行驶的汽车尤其是高速行驶的轿车要求具有优良的行驶平顺性。轮胎的弹性，性能优越的悬挂装置，坐椅的降震性能以及尽量小的非悬挂质量，都可以提高汽车的行驶平顺性。

（六）通过性

汽车在一定的载重量下能以较高的平均速度通过各种坏路及无路地带和克服各种障碍物

的能力，称为汽车的通过性。各种汽车的通过能力是不一样的，轿车和客车由于经常在市内行驶，通过能力就差，而越野汽车、军用车辆、自卸汽车和载货汽车，就必须有较强的通过能力。

二、汽车分类、编号规则

（一）汽车分类

根据我国国家标准的有关规定，汽车分为以下几种类型。

1. 轿车

轿车指乘坐 2～8 人的小型载客车辆。轿车又可按发动机工作容积（发动机排量）分为微型轿车、普通级轿车、中级轿车、中高级轿车、高级轿车五种。

（1）微型轿车——发动机工作容积 1L 以下。

（2）普通级轿车——发动机工作容积为 1.0～1.6L。

（3）中级轿车——发动机工作容积 1.6～2.5L。

（4）中高级轿车——发动机工作容积为 2.5～4L，如德国奔驰 300 系列轿车。

（5）高级轿车——发动机工作容积为 4L 以上，如美国通用汽车公司的凯迪拉克（CADILLAC）高级轿车，美国福特汽车公司的林肯（LINCOLN）高级轿车，英国劳斯莱斯（ROLLS-ROYCE）高级轿车和德国奔驰 500 系列、560 系列高级轿车。

前面三种级别的轿车的主要特点是尺寸较小，结构紧凑，前排坐椅是较舒适的乘坐位置，而后排坐椅通常供辅助用。因此，这些轿车最宜作为车主自己驾驶的家庭用车。

后面两种级别的轿车的主要特点是尺寸大、装备齐全考究、性能优良，较舒适的座位设置在后排。因此，这些轿车适于聘任驾驶员的社会上层人士使用。

2. 客车

客车指乘坐 9 人以上，具有长方形车厢，主要用于载运人员及其行李物品的车辆。根据车辆的长度可分为微型、轻型、中型、大型、特大型五种客车。

（1）微型客车——长度在 3.5m 以下。

（2）轻型客车——长度 3.5～7m。

（3）中型客车——长度 7～10m。

（4）大型客车——长度 10～12m。

（5）特大型客车——包括铰接式客车（车辆长度大于 12m）和双层客车（长度 10～12m）两种。

3. 货车

货车又称为载货汽车、载重汽车、卡车，主要用来运送各种货物或牵引全挂车。货车按载重量可分为微型、轻型、中型、重型四种。

（1）微型货车——总质量小于 1.8t。

（2）轻型货车——总质量为 1.8～6t。

（3）中型货车——总质量为 6～14t。

（4）重型货车——总质量大于 14t。

4．越野汽车

越野汽车主要用于非公路上载运人员和货物或牵引设备，一般为全轴驱动。越野汽车按总质量可分为轻型越野汽车、中型越野汽车和重型越野汽车三级。

（1）轻型越野汽车——总质量小于 5t。

（2）中型越野汽车——总质量为 5～13t。

（3）重型越野汽车——总质量大于 13t。

5．牵引汽车

牵引汽车是专门或主要用来牵引的车辆，可分为全挂牵引车和半挂牵引车。

半挂牵引汽车后部设有牵引座，用来牵引和支承半挂车前端。

全挂牵引汽车本身带有车厢，其外形虽与货车相似，但其车辆长度和轴距较短，而且尾部设有拖钩。

牵引汽车都装有一部分挂车制动装置及挂车电气接线板等。

6．自卸汽车

自卸汽车指货厢能自动倾翻的载货汽车。自卸汽车按倾卸方向分为向后倾卸和向左右后三个方向均可倾卸两种。

7．专用汽车

专用汽车是为了承担专门的运输任务或作业，装有专用设备，具备专用功能的车辆。

想一想

你所见到的汽车分别属于哪一类？

（二）中国汽车产品型号编制规则

1988 年我国颁布了国家标准 GB/T 9417—1988《汽车产品型号编制规则》。汽车型号应能表明汽车的厂牌、类型和主要特征参数等。该项国家标准规定，国家汽车型号均应由汉语拼音字母和阿拉伯数字组成。

汽车型号包括如下三部分：

首部——由 2 个或 3 个汉语拼音字母组成，是识别企业名称的代号。例如 CA 代表第一汽车制造厂，EQ 代表第二汽车制造厂，等等。

中部——由 4 位阿拉伯数字组成。左起首位数字表示车辆类别代号，中间两位数字表示汽车的主要特征参数，最末位是由企业自定的产品序号，如表 1-1 所示。

尾部——分为两部分，前部由汉语拼音字母组成，表示专用汽车分类代号，如 X 表示厢式汽车，G 表示罐式汽车等；后部是企业自定代号，可用汉语拼音字母或阿拉伯数字表示。

表 1-1　汽车型号中阿拉伯数字组成规则

首位数字（1~9）表示车辆类别		中间两位数表示各类汽车的主要特征参数	末位数字
1	表示载货汽车	数字表示汽车的总质量*（t）	
2	表示越野汽车		
3	表示自卸汽车		
4	表示牵引汽车		
5	表示专用汽车		
6	表示客车	数字×0.1m 表示车辆的总长度**	
7	表示轿车	数字×0.1L 表示发动机工作容积	
8	（暂缺）		
9	表示半挂车或专用半挂车	数字表示汽车的总质量	

注：*汽车总质量超过 100t，允许用 3 位数字。

　　**汽车总长度大于 10m，数字×1m。

基本型汽车的编号一般没有尾部，其变型车（如采用不同的发动机、加长轴距、双排座驾驶室等）为了与基本型区别，常在尾部加 A、B、C 等企业自定代号。

课题三　汽车文化

❖ 学习目标

1. 了解汽车文化的概念；
2. 了解不同国家的汽车文化。

❖ 知识结构

课题三	汽车文化的概念
	不同国家有关的汽车文化

问题导入

汽车诞生一百多年来，对我们的生活造成了非常重大的影响，其中蕴含着哪些文化呢？

基本内容

汽车是人类创造的精美机器，它极大地扩张了人们的生活半径，也改变了社会的产业结构以及人们的生产和生活方式。20 世纪，汽车创造的社会财富和衍生文化比上一个千年的总和还要多。进入 21 世纪，中国这个曾经的"自行车王国"真正迎来了汽车时代，在连续几年近乎井喷的跃进中，和汽车相关的行业都无一例外地迅猛发展起来。汽车驶入寻常百姓家，像服装、饮食文化一样，在保有量和使用率达到一定程度之后，人们开始追求更深层次的精神需求，汽车文化应运而生，成为 21 世纪中国的一个新名词。

　　文化从属于人类学概念，是指某种人类群体独特的生活方式。文化的更深层概念，是指社会意识形态以及与之相适应的制度和组织机构。它源自人类本性，代表道义良知，具有趋利避害、惩恶扬善的批判精神。

　　汽车文化是指当汽车达到一定数量时，汽车在人们生活中发挥其"使用价值"以外的作用，所形成的汽车自身的一种文化。由于汽车产业的发展，使得汽车产品进入平常百姓家庭，汽车成为一种现代生活方式的代表。但汽车所造成的交通阻塞、资源紧张、环境污染问题，需要进行跨学科综合分析和解决。高科技智能化与人性化的完美结合，形成未来汽车的发展方向。汽车社会需要汽车文明。要避免交通事故，减少车祸伤亡，除了高科技智能化、人性化的汽车产业发展思路，更有赖于汽车现代文明的建立。"汽车文化"可分为汽车生产企业文化与汽车消费文化。汽车生产企业文化最直接的表现形式是品牌文化。汽车可以深刻地反映出一个国家工业的发展水平，同时它也是最能反映民族性格特点的产品。比如德国车就能反映出德国人那种追求每一颗螺钉都完美的认真精神。而日本车的绚丽新潮，美国车的做派大气，都表现出了其汽车文化的特点。将美、日、德三辆车摆放在一起，区别一目了然。没有真正属于自己的车型，就谈不上民族独具的汽车文化。

　　汽车本来是个钢铁的物件，是人类赋予它一种影响生活方式的生命内涵。反过来这种内涵又作用于人类，拉近了人与车之间的距离，形成消费理念、生活情趣及审美取向等文化范畴，即汽车文化。

想一想

　　世界各地不同的国家不同地区有着不同的文化，那么不同国家的汽车文化是否一样呢？

　　每一种文化都有自己的表现方式和内涵。汽车作为一种划时代的现代工业产品，从诞生那天起，就被赋予了人类的价值观、生活形态、情感需求等，折射出了不同时代、不同人群的审美取向，形成了汽车文化的特有观念。以美国为例，它的汽车文化包含了美国人天生具备的幽默感：驾驶汽车时，别出心裁地把五颜六色的贴纸剪成字母拼在车尾，其中与追尾相关的内容最多："千万别吻我，那很可怕"、"不要让我们因相撞而相识"、"撞上来吧，我正需要钱"。汽车在这里作为一种文化载体，被充分、广泛地赋予了精神特质，从某一侧面也折射出美国人的性格和感情。

　　汽车文化的具体体现主要是汽车本身所折射出的设计理念，其中所包含的设计元素实际上就是文化元素。汽车文化形成的根本原因是历史环境、人类性格，而不同国家的汽车文化有着明显的差异。美国、德国、日本、韩国的汽车，因为文化元素不一样，其设计的结果便不一样，当这些元素熔铸到汽车上，就表现出不同的文化。文化的历史传承性非常重要。早期的汽车工业制造一辆车，工艺过程是非常细腻的，在那种手工的琢磨中，历史传承的文化渗透得微妙而绵长。随着工业流水线的出现，汽车工业规模化了，但同时也失去了一些个性和内涵。欧洲车的品牌价值为什么要比日本的高呢？像雷克萨斯，一直说自己是非常棒的豪华品牌，但是品牌价值始终没有奔驰和宝马高，因为奔驰和宝马的历史文化传承性更好。

　　一个成功的汽车品牌是需要年长日久的心血和资金才能打造出来的。欧洲车品牌传承性非常高。把一代又一代传承的车型放到一起的时候，就能明显看出它们积累出的精华都在一条线上。而日本车，花样翻新很快，但可能三代改款之后，已经认不出这款车了。这就是欧洲与日本汽车文化之间的差别，不同地区对汽车文化的认同是不一样的。法国人是浪漫、不拘束的，所以他们造出的汽车有玻璃面积大等特点；而德国车则如德国人一样，一直保持那种严谨、保守的风格，就是这样形成了鲜明的五彩缤纷的汽车文化世界。

知识链接

从红旗轿车看中国汽车文化

1958 年，新中国制造出一辆"红旗"牌高级轿车，被国人骄傲地称为"大红旗"，如图 1-7 所示。这个大，不仅是指它的车身造型大气，更表达着国人对国产车的爱。

1958 年 5 月，经过工程技术人员艰难的努力，"东风"牌轿车样车终于试制出来了，这是新中国的第一辆轿车。随后"东风"轿车开进中南海。5 月 21 日下午，毛泽东主席在秘书长的陪同下来看车，并坐进汽车围着花园转了两圈后高兴地说："坐上我们自己生产的小轿车了！"（见图 1-6）。当时党和国家领导人乘坐的都是苏联生产的吉姆和吉斯牌汽车。为使国家领导人能够坐着自己国产的汽车，体现国家的尊严，我国决定要制造出外形由自己设计、表现出中华民族的文化传统、突出奋发图强精神的高级轿车来，并庄严地命名为"红旗"牌。

用车来表现王者之风是中华民族的一个传统，从黄帝轩辕（轩辕即车）到轿子，自古以来就是中国的文化，而把轿与车相融合就是中国人对汽车的一种文化融合。

"大红旗"牌汽车整体追求大、平、正、方的宫殿之神韵，扇面形的水箱面罩，宫灯形的后尾灯，中间有一指南针造型，内饰采用桃木镶成的四框，这些元素拼装到一起，表现出了古色古香的中国风；筒式前大灯，挺拔昂扬，突出了不屈不挠的当代中国精神。在 20 世纪 50 年代"一汽"汽车人的"乘东风，展红旗，造出高级轿车送给毛主席！"的目标就是顶级的动员力量。

图 1-6 国家领导人欣喜地观看"东风牌"轿车

为尽快把车造出来，"一汽"汽车人白天黑夜攻关。采用的 V 型 8 缸 220 马力的发动机，连当时援助中国的苏联专家都摇头，因为即使在当时的苏联，汽车也没有采用 V-8 型发动机。整个车身外形是工人手工一下一下敲出来的，就像雕塑一样。从模型到发动机点火，仅用了 33 昼夜，于 1958 年 8 月 1 日制造完工，参与制造的汽车人感到自己能够为红旗轿车的诞生而奋战，是十分光荣的。

我们的"大红旗"，将占据顶级车的高端，其尊贵不逊于劳斯莱斯，这是红旗品牌恰如其分的定位。尊贵，代表了华夏文明的博大精深，国人的认同也主要在于她的尊贵。"大红旗"的造型设计与我们的科学技术同步发展，我们的民族品牌走向世界，已不再是梦。

图1-7 "大红旗"高级轿车

技能训练

【技能训练目标】通过相关知识的收集，使学生对汽车文化的内涵有一些感性的了解和认知，并了解不同国家对汽车概念的不同定义。

【技能训练准备】学生以课外小组的形式利用网络资源搜集并整理本单元相关的信息。

【技能训练步骤】教师在课前预留小组作业，给学生布置搜集相关信息的任务。在课上分小组由代表展示。教师给予点评。

【技能训练注意事项】小组分工明确。

【技能训练活动建议】活动可在多媒体教室进行，分小组展示信息、组内交流。

单元小结

1. 汽车的主要性能包括：安全性、动力性、燃油经济性、制动性、操控稳定性、平顺性及通过性等。
2. 汽车分为轿车、客车、货车、越野汽车、牵引汽车、自卸汽车、专用汽车几大类。
3. 汽车文化的内涵。

思考与练习

1. 汽车的性能指标主要包括哪些？
2. EQ2080、CA1090、TJ7100分别代表什么？
3. 简述汽车文化。

第二单元 汽车史话

课题一　世界汽车发展概述

❖ **学习目标**

1. 了解汽车的诞生历史；
2. 了解世界汽车工业的发展历史。

❖ **知识结构**

课题一	汽车的诞生史
	世界汽车工业发展简史

问题导入

请大家观察图 2-1 和图 2-2 这两张图片，大家知道这两张图片与汽车的关系吗？

图 2-1　与汽车相关的图片一　　　　　图 2-2　与汽车相关的图片二

基本内容

汽车改变了并正在继续改变着世界。目前，全世界汽车保有量已超过 9 亿辆，汽车几乎遍布全球的每一个角落。

一、汽车的诞生历史

汽车是在具有几千年历史的轮和车的基础上得以发明和发展的。按照汽车的概念，只有通过自身携带动力驱动的车才能称为汽车，因此早期的人力车、畜力车等都不是汽车。汽车本身的发展只有一百多年的历史，最早的汽车应该从蒸汽机汽车诞生算起。

（一）蒸汽机汽车

詹姆斯·瓦特在总结了前人经验的基础上，研制出世界上第一台真正意义的动力机械——蒸汽机，为汽车的出现创造了条件。1769 年，法国的陆军技师、炮兵大尉尼古拉斯·古诺成功地制造出世界上第一辆完全依靠自身动力行驶的蒸汽汽车。这是汽车发展史上第一个里程碑。

1801 年，英国煤矿机械工程师、后来成为铁路蒸汽机发明者的查得·特雷威蒂克，在古诺蒸汽机汽车的启发和激励下，制造了英国最初的蒸汽机汽车。该车为三轮结构，车速达 14.5km/h。1802 年，查得·特雷威蒂克取得了蒸汽机汽车的专利。1803 年，查得·特雷威蒂克又制造了能载客 8 人、平道上速度为 9.6km/h 类似于公共马车的蒸汽机汽车。1805 年，美国费城的奥利弗·艾文思制造了装有 3.7kW（5 马力）蒸汽机的水路两栖车，既能在陆地上行驶，又能在水中航行。1815 年，捷克的普什克制造出一辆四座位的蒸汽机汽车，可惜这第一辆载客蒸汽机汽车却没有传下来。1831 年，英国的瓦尔塔·汉科克制造了最早的蒸汽机公共汽车。1870 年，英国的约翰·尤尔制造出世界上最早的蒸汽机卡车。1885 年，法国阿梅尔·博勒首次设计并制造出一辆大型蒸汽机邮政汽车。1892 年，法国的鲁布朗制造了世界上最早的蒸汽机送货卡车。1898 年，英国的索尼克罗夫制造出世界上最早的牵引式蒸汽机汽车。1916 年，英国的皮尔逊·考克斯公司生产了最后的蒸汽机汽车。

（二）内燃机汽车

1826 年，英国的机械师布劳恩制造了装有燃用天然气、双缸、水冷、功率 3kW（4 马力）内燃机的汽车。1862 年 5 月，出生于比利时的法国籍技师勒诺瓦赫在巴黎的拉罗凯特工厂给一辆大型载客马车安装了自己设计的 1.1kW 二行程发动机，制造出世界上第一辆具有行驶价值的内燃机汽车。1863 年 9 月，勒诺瓦赫将车开到拉罗凯特大街，并于第二年接受了世界上第一张汽车订单——来自于俄国皇帝亚历山大二世！1864 年，居住于奥地利的德国人杰克弗里德·马尔库斯制造并实验汽油发动机。1883 年，法国的纺织机械师爱德法特·戴勒码·戴玻蒂维尔制造了一辆在马车上装置一台双缸、4.4L、5.88kW 汽油机的四轮汽车。1884 年 2 月 12 日，这个发动机的点火系、燃料供给系获得了发明专利。1885 年，德国的哥特里布·戴姆勒，把汽油机装到了特制的自行车上，获得了摩托车专利。1886 年 1 月 29 日，德国的卡尔·本茨研制成功了三轮汽车（见图 2-3），并申请发明汽车的专利，这一天成为汽车的诞生日，本茨被誉为"汽车之父"。

图 2-3　三轮汽车

二、世界汽车工业发展史

汽车诞生于德国，成长于法国，成熟于美国，兴旺于欧洲，挑战于日本。1886 年，德国人卡尔·本茨和哥特里布·戴姆勒发明了内燃机汽车。法国人阿尔芒·标致、路易斯·雷诺等人开始实施"无马拉的车"的构造。

（一）第一次变革——流水线大批量生产

第一次变革是美国福特汽车公司推出了 T 型车，发明了汽车装配流水线，使世界汽车工业的发展从欧洲转向美国。

1903 年，福特汽车公司成立。为了生产大众化的汽车，1908 年亨利·福特推出了 T 型车，T 型车的出现实现了轿车家庭化的神话。

1913 年，福特公司在底特律建成了世界上第一条汽车装配流水线。汽车装配时间从 12.5h 缩短到 1.5h。从 1908 年到 1927 年，T 型汽车生产了 1 500 多万辆，这一车型累计产量纪录直到 1972 年才被甲壳虫型汽车打破。售价从开始一辆 850 美元，最后降到 295 美元。高节拍大批量的流水线生产的 T 型车的出现，使汽车成为大众耐用的消费品；同时也为汽车产品市场的拓展提供了可能。从那时开始，汽车工业才有条件发展为具有广泛用户群体和宏大的产业规模的世界性成熟产业。

想一想

福特 T 型车在世界汽车工业史上的重要意义是什么？

（二）第二次变革

第二次世界大战之后，欧洲人开始对美国汽车一统天下感到不满。因此，欧洲的汽车公司针对美国车型单一、体积庞大、油耗高等弱点，开发了新颖别致的新车型，实现了汽车产品多样化。例如，严谨规范的梅赛德斯·奔驰、宝马；轻盈典雅的雪铁龙；雍容华贵的劳斯莱斯、美洲虎；神奇的甲壳虫、法拉利；风靡全球的迷你车等新车型纷纷亮相。多样化的产品成为最大优势，规模效益也得以实现。

到 1966 年，欧洲汽车产量突破 1 000 万辆，比 1955 年产量增长 5 倍，年均增长率为 10.6%，超过北美汽车产量，成为世界上第二个汽车工业发展中心。到 1973 年，欧洲汽车产量已提高到 1500 万辆，世界汽车工业发展又由美国转回欧洲。

（三）第三次变革

世界汽车工业的第三次变革发生在日本。日本通过完善管理体系，形成精益的生产方式，全力发展物美价廉的经济型汽车。

进入 20 世纪 60 年代以后，日本经济高速发展，内需强劲增长。日本各汽车公司推出物美价廉的汽车，日本出现了普及汽车的高潮。1963 年日本汽车国内销量为 100 万辆，1966 年为 200 万辆，1968 年为 300 万辆，1970 年为 400 万辆，年递增率接近 19%。同时，以丰田汽车公司为代表的几家汽车公司，将"全面质量管理"和"及时生产系统"两种新型管理机制应用于汽车生产，推动了日本汽车工业的发展。

1973 年和 1979 年发生了两次世界石油危机，日本生产的小型轿车成为全世界的畅销品。日本汽车出口量在 1970 年为 100 多万辆，1973 年为 200 多万辆，1977 年为 400 多万辆，1980 年为 597 万辆，首次超过国内销售量，1985 年达到巅峰，出口量达到 673 万辆。

日本实现了国内销售量和出口量双高速增长，迎来了日本汽车工业的发展，创造了世界汽车工业的奇迹。日本成为继美国、欧洲之后的世界上第三个汽车发展中心，即世界汽车工业的发展又发生了由欧洲到日本的第三次转移。

想一想

请自己总结世界汽车工业发展史上三次重大变革的主要特征。

世界著名汽车公司相继创建，逐渐成为世界汽车工业的基地，有了名厂便有了名车。汽车公司及其汽车商标如汽车文化乐章中精彩的音符，伴随着飞转的车轮，谱写着一曲曲动人的旋律。它以创始人的姓名或所在地的城徽，或以象征性的动物，或以其他不同寓意的图案，在讲述汽车百余年历史的故事。风云变幻，斗转星移，"三叉星"商标，依旧星光闪闪；皇家贵族"冠与盾"的商标喻示着凯迪拉克汽车的高贵和豪华；活泼可爱的"小白兔"，象征福特汽车奔驰在世界各地，令人爱不释手……

三、世界汽车工业的发展趋势

随着新工艺、新材料、新技术与新装备在汽车工业中的普遍使用，全球经济一体化日趋明显，市场竞争日趋激烈，世界汽车工业也必然发生深刻变革。主要体现在：

（一）厂商并购联合化

长期以来，国际上汽车工业的兼并从未停止，世界各大厂商都在致力于不断地谋求竞争优势，并以挫败或兼并竞争对手为目标。但在 20 世纪后期，随着各大厂商竞争实力的接近，国际汽车工业的竞争观念发生了一些变化。其竞争目标已不再是击败对手，而是强调联合、合作和共同发展。合作厂家之间追求的是达到分摊开发汽车高新技术的巨大研究费用，以降低自己独立开发的投资风险；绕开出口贸易壁垒，以争取目标市场的政府支持；利用对方已有的厂房设备以及市场网络，以降低生产、销售和储运成本，提高产品市场竞争力；从而最终达到发展和壮大自己的竞争实力的目的。

（二）生产装配模块化

所谓模块，是指按汽车的组成结构将零部件或子系统进行集成，从而形成一个个大部件或大总成。而生产装配模块化，即汽车零部件厂商生产模块化的系统产品，整车厂商只对采购的模块化产品进行简单装配即可完成整车生产。生产装配模块化将导致汽车生产方式发生重大变革，包括淘汰汽车工业的传统流水线及生产设备，大大减少汽车制造企业生产零部件的数目，降低管理成本和生产费用，并有望提高产品的可靠性等。

（三）汽车产品环保化

"环境保护"与"可持续发展"已被世界上越来越多的国家所认识和重视。21 世纪汽车产品将以环保为中心，原材料选用、零部件模块生产、整车装配及汽车使用等环节中充分体现汽车与环境的和谐。为达到汽车使用中零排放的要求，也为更好地节约自然资源，氢气以及混合动力汽车等新型汽车将得以极大发展。与此同时，绿色设计、产品的全寿命设计等先进设计思想也将得以广泛应用。

（四）汽车技术数字化

毋庸置疑，汽车工业正在掀起一场数字化革命，以适应未来汽车智能化与未来数字化时代的发展需要。日臻完善的车载多媒体系统、汽车智能安全系统、汽车语音识别系统等数字技术都将在汽车上得到应用。数字技术也将改变汽车的设计开发和生产制造方式，如计算机虚拟设计技术，使得样车的试制成为不必要，虚拟样车将在虚拟检测环境中进行一系列严格的检测；而新的厂房设备与流水线也会在虚拟技术下生成，从而将使生产过程可控化、精确化，并实现汽车的目标成本可控化。

（五）汽车服务创新化

随着汽车工业竞争的日趋激烈，各大厂商在努力降低成本、增加效益和实现技术创新的同时，也将开始展开全新理念的汽车营销和汽车服务。营销服务的全面化和不断创新将是各大厂商争夺目标顾客、赢得竞争主动权的秘密武器，它将使汽车服务业成为第三产业中最富活力的生力军之一，直接促使汽车服务朝着个性化、知识化、系统化、费用低廉化方向发展。

课题二　我国汽车的发展与现状

❖ **学习目标**

1. 了解旧中国的汽车梦；
2. 了解新中国汽车产业的发展。

❖ **知识结构**

课题二	旧中国的汽车梦
	新中国汽车产业的发展

🔊 **问题导入**

新中国第一辆载重汽车（见图 2-4）是何时、何厂制造的？

图 2-4　新中国第一辆载重汽车

基本内容

（一）旧中国的汽车产业梦想

旧中国没有汽车制造业。中国土地上第一辆汽车是 1903 年输入的美国产奥斯莫比尔牌小汽车，领得第一号汽车行驶牌证，其所有者为上海富商。现存于北京的最早的小客车是 1901 年袁世凯献给慈禧太后的。1928 年在张学良的支持下，中国聘请美国技师指导并尝试制造汽车。

在沈阳北大营军工厂成功仿造了美国万国牌载重汽车，1 年装出 10 辆。虽然 1936 年当时的中国政府曾有计划与德国奔驰公司合作成立"中国汽车制造公司"，准备先组装、后制造汽车。但翌年，由于抗日战争爆发，没能够实施。直到 1949 年新中国成立前，中国只有汽车使用和修理业。新中国成立后，中国汽车产业才得以建立和发展。

知识链接

小故事

慈禧太后首次坐汽车：跑这么快要吃多少草

1901 年值慈禧太后 66 岁寿辰时，直隶总督袁世凯特地从美国进口一辆汽车，作为寿礼敬献给慈禧。据说，这个洋玩意是美国马萨诸塞州的查理森利和法兰克兄弟俩设计的，并采用手工方法制作而成，起名为"图利亚"。慈禧生日那一天，她在紫禁城太和殿检阅了贡品。当她听说这辆车不要马拉就能跑时，感到很奇怪，立即口谕在场的德国司机开车。德国司机爬上车，踩响马达。汽车真的轰隆隆地跑了起来，慈禧看了喜不自胜，高兴地问："这车跑得这么快，要吃许多草吧？"德国司机说："它不吃草，烧的是油。"慈禧没有听懂，吩咐太监李莲英端出珠宝，赏赐了袁世凯和开车的洋司机。慈禧对洋司机着实有些不放心，可是在当时全国还没有会开汽车的人，于是，便让李莲英招纳学开汽车的人，当时有许多人应试，最后，京城哈德门（今崇文门外）一位名叫孙富龄的人很快学会了开车，成为慈禧十分赏识的御驾司机，孙富龄经常驾车拉着慈禧游玩。这样玩来玩去，群臣倒也不去说三道四了，慈禧自己也习以为常了。一日，慈禧坐车玩了两个多小时，心情特别高兴，当即赏赐一大碗酒让孙富龄饮，孙富龄受宠若惊，一碗下肚，精神特爽，踩响马达，车呼地跑了起来。

不料前面冒出一个小太监，这时孙富龄已酒性发作，心慌意乱，情急之中怎么也找不到刹车的位置，可怜小太监一命归西。中国历史上第一起饮酒驾车肇事案就这样发生了。事故之后，群臣对这辆"图利亚"的不吉利又开始议论纷纷。一些老臣联名上书："一个开车的奴才竟然和'老佛爷'平起平坐，实在有失大清体统。"慈禧闻听，觉得似乎也有道理。便令李莲英传旨，拆掉司机坐椅，让孙富龄跪着开车，这下麻烦可多了。跪着手脚难以配合，再加上有一次事故的教训，孙富龄心有余悸，一旦有个闪失，迟早要脑袋搬家。于是，他想出了一个主意，用破棉絮堵死油管，谎称汽车坏了。当时国内没有人会修汽车，慈禧也就再也没有提起这辆车。但是孙富龄天天提心吊胆，害怕露了馅，必死无疑。后举家逃到南方隐居起来。从此，这辆进口轿车也就悄无声息，与大清帝国一起淹没在历史的烟雾之中了。

（二）新中国汽车产业的发展

新中国汽车产业的发展通常分为三个时期：创建时期、独立自主发展时期和对外开放时期。

1. 创建时期（1953—1958 年）

1953 年 6 月，毛泽东主席签发了关于力争三年内建设长春汽车厂的指示。

中国汽车产业的创建时期以"长春第一汽车制造厂"（简称一汽）的建成为标志。这一时期的汽车产业建设是在苏联的援助下进行的，汽车产品的引进，工艺流程的设计，主要设备的提供，连厂房设计都是由苏联方面完成的。1953 年 7 月，第一汽车制造厂隆重举行奠基典礼。毛泽东主席题词"第一汽车制造厂奠基纪念"的汉白玉基石放置在厂区中心广场，第一汽车制造厂破土动工，如图 2-5 所示为奠基典礼的场面。

图 2-5　一汽奠基典礼场面

1956 年 7 月，国产第一辆解放牌 4t 载货汽车在第一汽车制造厂诞生。

1956 年 10 月 14 日，第一汽车制造厂正式交工验收，15 日隆重举行了开工典礼。

1958 年 5 月，第一汽车制造厂试制成功东风牌轿车，送往北京。1958 年 8 月 1 日试制成功第一辆红旗牌高级轿车。

2. 独立自主发展时期（1958—1984 年）

1958 年由于中苏关系恶化，苏联撤走了所有的专家，带走了相关的图纸等技术资料，中国汽车产业与其他经济部门一起进入了自力更生的时期。这一时期逐渐建成了除"一汽"

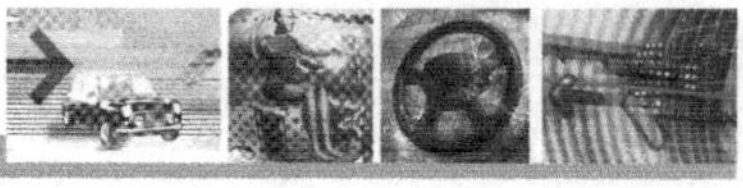

外，有较大规模的南京汽车制造厂、北京汽车制造厂等。

1958 年 3 月 10 日，南京汽车制造厂成功地制造出我国第一辆轻型载货汽车，命名为跃进牌汽车（见图 2-6），同时批准成立南京汽车制造厂。

1958 年 9 月，上海汽车装配厂（上海汽车装修厂）试制成功第一辆凤凰牌轿车（见图 2-7）。

1959 年，济南汽车制造厂参照捷克生产的斯柯达 706RT 型 8t 载货汽车设计了我国的重型载货汽车。1960 年 4 月，济南汽车制造厂试制成功黄河牌 JN150 型 8t 重型载货汽车（见图 2-8）。

图 2-6　跃进牌轻型载货汽车

图 2-7　凤凰牌轿车

1961 年，国防科委批准了以北京汽车制造厂作为生产轻型越野汽车的基地。1961 年，试制出第一辆北京 BJ210 型轻型越野车（见图 2-9）。

图 2-8　黄河牌 JN150 型 8t 重型载货汽车

图 2-9　北京 BJ210 型轻型越野车

1966 年 5 月，国务院军用产品定型委员会批准北京汽车制造厂的北京 BJ212 型越野车（见图 2-10）的设计定型，并批量投入生产。

1967 年 4 月 1 日，第二汽车制造厂正式破土动工，举行开工典礼大会（见图 2-11）。1967 年 9 月工程全面开工。

图 2-10　北京 BJ212 型越野车

图 2-11　第二汽车制造厂开工典礼

1971 年 12 月，第一汽车制造厂试制成功 60t 矿用自卸汽车。1975 年 7 月 1 日，第二汽车制造厂基本建成东风 EQ240 型 2.5t 越野汽车的生产基地并投产。1978 年 7 月，第二汽车制造厂基本建成东风 EQ140 型 5t 载货汽车（见图 2-12）的生产基地并投产。

图 2-12　东风 EQ140 型 5t 载货汽车

1966 年 3 月 11 日，四川汽车制造厂举行开工典礼。1966 年 6 月，四川汽车制造厂红岩牌 CQ260 型越野汽车试制成功，后改型为红岩 CQ261 型。1971 年 7 月，四川汽车制造厂批量生产红岩牌 CQ261 型越野汽车。1974 年 12 月 27 日，陕西汽车制造厂生产的延安牌 SX250 型越野汽车鉴定定型。1978 年 3 月 14 日，陕西汽车制造厂和陕西齿轮厂建成，正式投产延安牌 SX250 型越野汽车。

3．对外开放时期（20 世纪 80 年代中期至今）

党的十一届三中全会以后，在改革开放方针的指引下，在中央领导极大的鼓舞和支持下，中国汽车工业进入对外开放阶段，为中国汽车工业在新世纪的腾飞奠定了坚实的基础。这一阶段的特征是：党和政府提出要将汽车工业发展成为国民经济的支柱产业；在产量不断提高的同时，加快进行产品结构调整，引进国外先进技术和资本；轿车工业迅猛发展，由此拉开了汽车进入家庭的序幕；生产集中度明显提高，汽车产量高速发展。

1984 年，上海汽车厂与德国大众签署合资协议（见图 2-13）。1984 年 10 月 10 日，上海大众合营合同在北京人民大会堂签署。

图 2-13　上海大众合营合同签署

1985 年 3 月 21 日，上海大众有限公司成立（见图 2-14），标志着中国汽车工业从此掀开了历史性的一页。

1987 年和 1988 年，生产时间最长的三种载货汽车老产品开始换型，转产新解放、新跃进、新黄河。1989 年 6 月 23 日，第一辆中国-斯太尔重型载货汽车在济南汽车制造厂诞生。第二汽车制造厂在原东风 EQ140 型载货汽车的基础上，又生产出东风 EQ1092 型、东风 EQ1118 型等新型载货汽车。

图 2-14 上海大众有限公司成立仪式

各汽车生产企业顺应时代的变化，积极进行产品结构调整。上海大众通过一期改造后，达到年产 6 万辆的生产能力，拥有了国内第一条高标准轿车整车生产线，使中国轿车工业确立新的规模标准。一汽、二汽、南京、北二汽、天汽、哈飞、江西汽车、昌河、长安、吉林、汉江汽车等分别采取引进技术、工厂改造和扩大生产能力等措施，发展轻型、微型汽车。

进入 20 世纪 90 年代，一汽、二汽、北汽（北京汽车工业集团）、南汽分别建立合资轿车生产企业。"一汽大众"（中德合资）、"神龙汽车"（中法合资）、"北京吉普"（中美合资）、"南京依维柯"（中意合资）等汽车品牌相继进入人们的视线。产品结构进一步优化，形成 3 个大型企业集团为龙头和 16 个重点企业集团（公司）为主力军的汽车工业新体制，一汽、东风、上汽 3 个大型企业集团的总体规模、综合实力和核心竞争力增强。

2002 年，全国汽车生产跨越 300 万辆（325.36 万辆，同比增长 38.4%），全球排序上升到第五位，列美国、日本、德国、法国之后。2003 年，我国汽车年产量为 444.4 万辆，其中轿车产量为 201.89 万辆，成为世界第四大汽车生产国。2004 年，中国汽车总产量 507.1 万辆，轿车产量达到 226 万辆。2005 年，中国汽车产量 570 多万辆，轿车产量达到 295.84 万辆。2006 年，中国汽车产量为 728 万辆，比上年增长 27.6%，已超过德国，仅次于美国、日本，居世界第三位。2007 年，年产量达到 888.2 万辆。2008 年，全国汽车生产跨越 900 万辆（934.51 万辆），其中轿车 673.77 万辆。2009 年全国汽车生产跨越 1000 万辆，其产量为 1379.1 万辆。

改革开放以来，全国建了 600 多家中外合资汽车企业，积累了 200 多亿美元资本，占全国汽车工业资本的 40%以上。中国汽车行业高速发展，已经成为世界汽车工业的重要组成部分，世界著名汽车厂家均在中国投资建厂。世界汽车工业逐渐形成了"6+3"格局。其中，

"6"指的是通用-菲亚特-铃木-富士重工-五十铃集团、福特-马自达-沃尔沃轿车集团、戴姆勒-克莱斯勒-三菱集团、丰田-大发-日野集团、大众集团、雷诺-日产-三星集团,"3"指的是本田、标致-雪铁龙(PSA)和宝马。

总之,我国的汽车工业发展到今天,虽然取得了骄人的成绩,但是在汽车整车、汽车零部件的关键技术上,与国外还有明显的距离,而这些差距恰恰制约着我国汽车工业的发展。目前只能说我们是汽车生产大国,而不是汽车工业强国。

技能训练

【技能训练目标】通过相关知识的收集,使学生对汽车的发展历史有一定的认识,了解我国汽车的发展状况。

【技能训练准备】学生以课外小组的形式利用网络资源搜集并整理汽车发展的信息。

【技能训练步骤】教师在课前预留小组作业,布置学生搜集相关信息。在课上分小组由代表展示,教师给予点评。

【技能训练注意事项】小组分工明确。

【技能训练活动建议】活动在多媒体教室进行,分小组展示信息、组内交流。

单元小结

1．1769 年,法国的陆军技师、炮兵大尉尼古拉斯·古诺成功地制造出世界上第一辆完全依靠自身动力行驶的蒸汽机汽车。这是汽车发展史上第一个里程碑。

2．汽车诞生于德国,成长于法国,成熟于美国,兴旺于欧洲,挑战于日本。

3．新中国汽车产业的发展通常分为三个时期:创建时期、独立自主发展时期和对外开放时期。

思考与练习

1．简述世界汽车发展的特点。

2．世界上第一辆汽车是谁发明的?

3．简述中国汽车工业发展的特点和趋势。

第三单元 汽车造型设计文化

课题一 汽车造型的演变

❖ 学习目标

1. 了解影响汽车造型演变的三要素;
2. 掌握汽车造型演变的过程。

❖ 知识结构

课题一	影响汽车造型演变的三要素
	汽车外形演变的过程

问题导入

在一次汽车拍卖会上,一辆老式福特汽车(见图 3-1)成为大家议论的焦点。人们觉得这辆老爷车的造型优雅,有时代特点。但是谁也不能确定这辆汽车属于何种造型,你知道这款汽车是哪种造型吗?

图 3-1 老式福特汽车

基本内容

一、影响汽车造型的三要素

想一想

在汽车造型设计时,有哪些因素在影响其设计呢?

从 1886 年卡尔·本茨发明的第一辆三轮汽车起，汽车逐渐走入了人们的生活，汽车的造型也随着科技、经济的提高及人们审美的不断变化而相继改变。

影响汽车造型设计的因素主要有机械工程学、人体工程学和空气动力学三个，又称影响汽车造型的三要素。

机械工程学即安排发动机、底盘等机械部件合理布局，使动力性等各性能处于最佳状态。

人体工程学要求驾乘人员有足够的活动空间，舒适性好。

空气动力学要求汽车行驶时空气阻力小。

要将上述三要素完美地体现在一辆汽车上是相当困难的。比如，仅考虑汽车行驶，即机械工程学，可能使乘坐不舒适，也可能影响了驾驶员操作。如果一味地追求舒适，汽车虽然宽大但是空气阻力太大，车速降低。所以自汽车问世以来，汽车造型的演变就是汽车设计三要素相互协调发展的结果。

二、汽车造型的演变过程

汽车诞生一百多年来，汽车造型经过了马车型、箱型、甲壳虫型、船型、鱼型、楔型和子弹头型等造型的演变。

想一想

比较下面的两幅图（见图 3-2 和图 3-3）中两辆车在造型上有何区别和共性？

图 3-2　车辆造型一

图 3-3　车辆造型二

（一）马车型汽车

1886 年卡尔·本茨发明了第一辆汽车（见图 3-4），从此拉开了汽车时代的大幕。最早出现的汽车，其车身造型基本上沿用了马车的形式，因此称为"无马的马车"。1908 年，美国福特汽车公司生产了著名的 T 型车（见图 3-5），最初是一种带布篷的小客车，成为马车型汽车的代表。

汽车的马车型时代，由于汽车没有自己的造型风格，所以也可以说是汽车造型的史前时代。

图 3-4　卡尔·本茨发明的第一辆汽车

图 3-5　T 型车

想一想

1. 为什么早期的马车型汽车都是无篷的？
2. 这样的无篷造型有何缺点？

（二）箱型汽车

随着汽车技术的发展，汽车动力性能大大提高，使得汽车在载重和车速上有了很大的发展。但是车速的提高也致使汽车的迎风阻力增大，使得驾驶和乘坐环境降低。1896 年，法国人本哈特和拉瓦索生产了世界上首辆封闭式汽车，成为箱型汽车的开端。美国福特汽车公司在 1915 年生产出一种不同于马车型的汽车，其外型特点很像一只大箱子（见图 3-6）。人们将这种 T 型车作为箱型汽车的代表。箱型汽车（见图 3-7）重视了人体工程学，内部空间大，乘坐舒适，有"活动房屋"的美称。但是，随着车速的提高，空气阻力大的问题就暴露了出来。箱型汽车的"大箱子"阻碍了汽车前进速度，对汽车的发展提出新的要求。

图 3-6　外型像大箱子的汽车

图 3-7　箱型汽车

知识链接

科学家实验证明汽车的空气阻力除与迎风面积和车速有关，还与汽车纵剖面形状有关。越呈流线型的汽车正面阻力和后面涡流越小。因此，这一要求促使人们致力于流线型车身的设计。

（三）甲壳虫型汽车

箱型汽车时代的后期，人们逐渐认识到空气阻力的重要性。从流体力学的角度看，箱型汽车车身显然是不理想的。1934 年，美国克莱斯勒汽车公司的气流牌（Air-flow）轿车（见图 3-8）首先采用流线型车身，是流线型汽车的先锋。

图 3-8　流线型汽车

知识链接

小故事

气流牌轿车的产生

有一次，工程师卡尔·比尔在空军基地看到一架漂亮的教练机，于是茅塞顿开：为什么不将汽车也设计成流线型呢？从此，他开始以水滴造型为依据进行汽车外形设计。克莱斯勒亲自批准了气流牌轿车的设计，经过反复试验，气流牌轿车终于在 1934 年诞生了。但好车并无好运，该车在最初展出时便遇到麻烦，由于设计周期长而引起"设计有问题"的传言，再加上当时其汽车外形很难被人们所接受，在销售时遭到惨败。但该型汽车的诞生宣告汽车造型流线型时代的开始。1936 年，福特汽车公司在气流牌轿车的基础上加以精练，成功地研制出林肯和风牌流线型轿车（见图 3-9）。

图 3-9　林肯和风牌流线型轿车

流线型汽车的大量生产是从德国甲壳虫型汽车开始的。1937 年，德国大众汽车公司的费迪南德设计了一种甲壳虫（Beetle）型汽车，仿造了经自然界淘汰而生存下来既可以在地上爬，也能在空中飞的甲壳虫外形。大众汽车公司的甲壳虫型汽车（见图 3-10），开创了流线型汽车大批量生产的先河。1939 年 8 月 15 日，第一批甲壳虫型汽车问世，如图 3-11 所示。1981 年，第 2 000 万辆甲壳虫型汽车在墨西哥的大众分厂开下了装配线，打破了福特 T 型车的产量纪录，一度成为世界上同种车型销量最多的汽车。

将甲壳虫外形成功地运用到汽车造型上，从而奠定了流线型汽车造型在人们心目中的地位，克莱斯勒气流牌轿车开创的流线型时代也被称为甲壳虫型时代。

图 3-10　大众汽车公司的甲壳虫型汽车

图 3-11　第一批甲壳虫型汽车

想一想

甲壳虫型汽车在造型设计上有何缺点？

提示：甲壳虫型汽车与箱型汽车相比，侧向风压中心移到汽车质心的前面，侧向风力相对于质心所承受的力矩加剧了汽车侧偏的倾向。而箱型汽车由于侧向风压中心在质心之后，所以侧风对箱型汽车质心所产生的力矩，可以使将要发生侧偏的汽车回位，不易侧偏。

（四）船型汽车

1945 年，福特汽车公司重点进行新车型的开发，经过几年的努力，终于在 1949 年推出了具有历史意义的新型 V8 型福特汽车（见图 3-12 和图 3-13）即船型汽车的代表。福特 V8 型汽车的成功之处不仅仅在于它在外型设计上有所突破，而且它还首先将人体工程学的理论引入到汽车的整体设计上，取得了令人较为满意的结果。所谓人体工程学，就是用科学的方法解析人的形体和能力，设计与之相吻合的机械与器具。船型汽车不论从外观上还是从性能上来看都优于甲壳虫型汽车，并且还较好地解决了甲壳虫型汽车对横风不稳定的问题。船型汽车存在的问题是，由于车的尾部过分地伸长，形成了阶梯状，高速行驶时会产生较强的空气涡流。

图 3-12　船型汽车一

图 3-13　船型汽车二

（五）鱼型汽车

为克服船型汽车尾部呈阶梯状而产生较强空气涡流的缺点，设计者将汽车后窗倾斜，形成斜背式。由于斜背式汽车的背部很像鱼脊背，所以这种汽车被称为鱼型汽车。最早的鱼型汽车是美国 1949 年生产的别克牌轿车（见图 3-14），该种车被认为是空气动力学深入研究的新成果——斜背造型的里程碑。

想一想

结合图示分析甲壳虫型汽车（见图 3-10）与鱼型汽车（见图 3-14）两种流线型汽车的区别。

> 提示：甲壳虫型汽车是流线型，鱼型汽车也属于流线型，但两者有本质的区别。甲壳虫型汽车的车背是从车后轮之后开始突然倾斜为滑背式。鱼型汽车是从船型汽车的阶梯背式进化来的，车背从后轮前部就开始倾斜为斜背式，所以鱼型汽车无论是实用性、空气动力性，都远远优于甲壳虫型汽车。

图 3-14　鱼型汽车

但是，鱼型汽车并非完美无缺，其缺点是：

（1）汽车后窗倾斜大、面积大。因此降低了车身的强度，车内温度高。

（2）汽车高速行驶时易产生很大的升力。升力使汽车与地面附着力减小，使汽车行驶稳定性和操纵稳定性降低。

想一想

借助网络资源查阅相关信息，请分小组讨论鱼型汽车（见图 3-14）的升力是如何产生的？

> 提示：鱼型汽车高速行驶时产生升力的原因首先从飞机机翼的升力说起，飞机机翼的断面其上表面隆起，下表面平滑。这样当空气流流经机翼表面时，上表面空气流动快，则压力小；下表面空气流动慢，则压力大。因此，机翼的上下表面的压力差就形成了对机翼向上的推力，即升力。同理，鱼型汽车从车顶到车尾形成的曲面与机翼上表面极其相似。故鱼型汽车在高速行驶时也容易产生较大的升力。

鱼型汽车带来的问题，使人们开始致力于既减小空气阻力又减小升力的汽车造型的研究。

（六）楔型汽车

为了较好地解决鱼型汽车的升力问题，人们又开始了艰难的探索，后来出现了楔形造型汽车（见图 3-15），就是车身前部向下方倾斜，形成风压，以防止车轮发漂，尾部如刀削般平直，整体型状如楔子，即所谓的楔型汽车。这种造型有效地克服了高速行驶时所产生的升力，成为人们理想的高速汽车造型。最早采用楔形造型的是 1963 年司蒂贝克公司的阿本提轿车。

想一想

奥迪 100 型轿车造型（见图 3-16）属于哪一种汽车造型？

图 3-15　楔形造型汽车

图 3-16　奥迪 100 型轿车造型

绝对的楔形造型汽车会影响车身的实用性（乘坐空间小）的。所以，除一些跑车、赛车采用楔型车身外，绝大多数实用型轿车都采用船型和楔型相结合的方案，它较好地协调了乘坐空间、空气阻力和升力的关系，使实用性与空气动力性较好地结合起来。

（七）子弹头型汽车

汽车造型发展到楔型以后，基本上已经很完美了。但人类追求至善至美的心是永不满足的。楔型车确实存在着乘坐空间上的缺憾，于是，一种新型的汽车——多用途汽车（MPV）（见图 3-17）问世了，即人们常称为"子弹头型"的汽车。

多用途厢式汽车全称为 Multi-Purpse Vehicle，缩写为 MPV。它属于微型厢式汽车范畴，外形趋于楔型，我国称为子弹头型汽车。

图 3-17　多用途厢式汽车

最早推出的多用途汽车是法国雷诺公司生产的空间（space）牌汽车，但未能引起广泛的关注，直到克莱斯勒汽车公司将多用途汽车作为其一代旗舰产品加以推广后，才家喻户晓。1984 年，克莱斯勒汽车公司推出第一代多用途汽车。道奇分部的产品叫做大篷车（caravan)，顺风分部的产品叫做航海家（Voyager）。这是世界汽车工业史上划时代的产品，它不仅使当时处于危机的克莱斯勒汽车公司起死回生，而且宣告一个以强调实用性、多用途和家庭化、休闲娱乐为特征的汽车消费新时代的到来。

汽车造型演变的每一个时期都在不断地开拓着汽车新的造型，都在尽力满足机械工程学和人体工程学的前提下最大限度地减小空气阻力和升力的影响，从而使汽车性能得以提高，同时，汽车造型的演变也是汽车美学的发展。

课题二 汽车色彩及其设计因素

❖ 学习目标

1. 了解汽车的色彩；
2. 了解影响汽车色彩设计的因素。

❖ 知识结构

课题二	汽车各异的色彩
	影响汽车色彩设计的因素

案例导入

汽车颜色作为汽车品牌文化的组成部分，成为汽车文化内涵、个性、时尚的表达。正如法拉利的红色，已经成为其品牌的象征。现在的汽车颜色缤纷各异，请谈一谈汽车不同的颜色想表达哪些不同的含义呢？

基本内容

一、汽车色彩

汽车，从一件家庭奢侈品逐渐成为人们的生活必需品。汽车厂家、汽车品牌更是百花争艳，如何才能异军突起使自己的品牌占领主流市场，成为消费者的首选，汽车色彩的设计也许是最好的选择。

汽车企业在汽车色彩设计时，不仅仅考虑颜色本身的特性，更会将企业的理念和自身的品牌文化融入到色彩的开发之中。例如，德国大众的甲壳虫，为了体现其时尚、动感的文化理念设计出炫目银、太空绿、魔力蓝等近20种颜色。

由于传统习惯、传统文化等因素的影响，人们对某些色彩有着相似的认知。色彩会使人产生某种联想，红色似火、白色纯洁，等等。色彩情感的产生来源于创作意图与欣赏者的感受所产生的共鸣。人们在与色彩反复接触之后，便在大脑中留下了一定的印象，形成了概念。色彩情感不是绝对的，它要受到许多主客观条件的制约，如不同的民族，不同的国家，不同的风俗习惯，不同的宗教信仰，以及个人的社会地位、性别、年龄、文化修养、文化程度等，对色彩的情感联想是各不相同的。这些形成了不同的文化，也就形成了不同的汽车文化。

银色（见图 3-18）是最能反映出汽车本质的颜色，曾连续 9 年占据全球最受欢迎的机动车涂料颜色宝座。银色比较匹配机动车金属构造外观，给人的整体感很强。

白色是中间色，给人干净、畅快、朴素、雅致与贞洁的感觉。白色汽车容易与外界环境协调。日本汽车在 20 世纪 80 年代，有这样一种说法，白色代表高级，因此白色汽车的销量曾占总销量的 70%。另外，白色是膨胀色，可以使小车显大。

图 3-18　银色汽车

红色（见图 3-19）是放大色，同样可以使小车显大。同时给人一种热情、奔放有活力的感觉。

黑色（见图 3-20）是一种有着不同象征意义的颜色。既代表保守和自信，同时又代表时尚和性感。黑色是公务车的首选，也很受高档轿车的青睐。

黄色（图 3-21）是一个温暖、明快的颜色，给人一种很活泼的感觉。黄色是膨胀色，在环境视野中很显眼。出租车、工程车等运用黄色有利于管理，同时便于识别。

图 3-19 红色汽车　　　　图 3-20　黑色汽车　　　　图 3-21 黄色汽车

另外还有蓝色、绿色的汽车，这些颜色都比较安静，色调很收敛、不张扬。现在汽车的颜色越来越多，五花八门，充分反映了时代的变迁。

想一想

世界上有如此多的颜色，在汽车的设计过程中，设计师对汽车色彩的选择会受哪些因素的影响呢？

提示：汽车色彩的设计并不是随心所欲的，一定要经过色彩的研究、市场调查、想象设计、用户评价等一系列的程序。

二、汽车色彩的设计因素

种种迹象表明，以色彩为主要诉求的设计理念正逐渐被各大厂商视为实施差异化品牌策略、摆脱同质化竞争、提高产品附加值的重要手段，一场关于色彩的角逐开始在各大汽车厂商间悄然展开。据悉，目前在国际上，色彩因素已经成为影响汽车销售指标的三大因素之一。任何汽车企业在设计新车时，都要做出汽车造型效果图，包括汽车造型、颜色和材质。在营销界广泛流传的"7 s 定律"使汽车制造企业相信，消费者会在 7 s 内决定其购买意愿。在这短短 7 s 内，色彩因素对购买行为产生的作用占 67%。这使得现代汽车企业越来越重视其汽车设计中的色彩设计环节。在汽车色彩设计的过程中，要从汽车的使用功能、使用环境、使用对象以及安全性和流行趋势等方面考虑。既要安全适用又要美观大方，还要遵循"尺度与比例"、"均衡与稳定"、"统一与变化"美学的三大原则。

汽车色彩设计的主要因素有：

（一）汽车的使用功能

在汽车的历史上，已经有一些惯用的色彩。例如，消防车采用的红色，比较醒目，容易发觉。人们只要看到红色消防车经过就知道有火灾险情，及时避让；医疗救护车都采用白色，给人一种洁白、神圣的联想含义；邮政车选用和平、安全的绿色；军用车辆一般都采用深绿色，与周围的草木、沥青路面颜色相近，达到隐蔽的目的。许多汽车在底色上配有功能标志图案，冷藏车上的雪花、企鹅，救护车上的红十字等，这都符合人们的习惯认知。

（二）汽车的使用环境

不同地区的人们由于生活环境的不同，对颜色的喜爱也不同。在美国，大西洋沿岸的人喜欢淡色，而在太平洋沿岸的人喜欢鲜明色。北欧人喜欢青绿色，意大利人喜欢红色和黄色，法拉力跑车都采用火火的红色。伊朗、伊拉克等国家推崇绿色，认为那是象征着生机、生命的颜色。

各种颜色的汽车行驶在路面上，是城市一道亮丽的风景线，如果汽车颜色与周围环境不协调，就会产生混乱的感觉，容易增加人们的视觉疲劳。因此汽车的色彩设计应该与环境相协调。

（三）汽车的使用对象

人们对色彩的观念，由于各国、各民族、各地区的政治、经济、文化和生活习惯的不同而不同。各国人们都有其偏爱和禁忌的色彩。

在中国，红色是喜庆的颜色，象征着幸福，红灯笼、红鞭炮等营造出热烈兴奋的气氛。但是在美国，红色却被视为巫术、流血和赤字。伊拉克人最喜欢的颜色是绿色和黑色。在伊拉克，所有外事接待机构都使用红色作标记，警车用灰色。拉丁美洲国家偏爱暖色调，他们的客车上喜欢涂饰各式各样鲜艳的图案，或是绘有田园风景、花鸟等。南亚与非洲等国家比较忌讳黑色，喜欢鲜艳的色彩。

不同宗教信仰对色彩也有着不同的观念。在犹太教中，神圣的颜色是红、蓝、紫、白颜色。对基督教来说，绿色比蓝色的含义更深。在希伯来人和基督教的传统中，色彩象征主义至今仍受到赞美。蓝色主要代表上帝（万物的主宰者）的颜色，绿色则是代表信仰、永生和

汽车文化

冥想。复活节时使用的绿色象征耶稣复活，浅绿色象征着洗礼。在爱尔兰，传统的荷兰紫云英（爱尔兰国花）的绿色，是人们最喜欢的颜色。

（四）汽车的使用安全

在现代汽车的设计中，人们越来越重视对汽车色彩的设计。在竞争激烈的社会，如果仅从"质"方面进行汽车设计，其所呈现的优势并不明显。汽车的价值可以从两方面衡量，第一是"实质价值"，即汽车内外部造型、尺度、色彩、亮度、表面特征等自然性质所呈现的价值，是产品自身形成的固有价值；第二是人们的"审美价值"，它来自于人的认识与感受，是人与审美对象之间建立关系所表达的意义。正如芬兰著名设计师约里奥·库卡波罗（Yrjo Kukkapuro）说过的"真正的设计师的作品不应该是一种疯狂的、无用的东西"。汽车的色彩设计也应该是一种实用性的设计。

想一想

对于任何驾驶者来说，都希望自己所驾驶的汽车能安全行驶。色彩是否能影响汽车的安全呢？对于急速行驶的汽车（见图 3-22）你是否考虑过哪种颜色的汽车是最安全的呢？汽车色彩的安全设计又受哪些因素的影响呢？

图 3-22　急速行驶的汽车

在设计汽车色彩时，应该注重汽车色彩与环境搭配的合理性，以及使用情境的象征特性。人们看到任何一种形象，都会产生思维活动，而人们思维活动的深化，正是通过某种环境得以实施。同一种色彩，由于所处的环境和联想的不同，可能效果也不同。不同色调的环境使人产生不同的感觉，也能让人产生不同的行为。从环境的角度考虑汽车的色彩安全设计，要求汽车的色彩应该能让人在这种环境中产生正确的感觉和判断。

对于汽车色彩设计，要与环境形成明显对比，只有这样才能明确地显示、判断出汽车所行驶的位置，避免与其他车辆出现碰撞，发生事故。在美国，曾有人调查了 2 408 辆出事故的汽车，其中蓝色和绿色居首位，黄色最低。

对于汽车内部色彩的安全性设计，应该以能减少视觉疲劳、错觉、幻觉、反光为主进行色彩设计。汽车的内部环境色彩应尽量使用外部环境的补色或减少疲劳的色彩，如中明度、中纯度绿色。减少因为心理所造成的不安全性，就要努力营造一个积极的驾驶环境，如室内环境尽量减少大面积使用红、黄、灰、黑等色彩，因为这些色彩会让人感到紧张、无力、恐惧，尽量使用乳黄、乳白等让人感到温暖、轻松的色彩。

32

（五）汽车流行色彩

流行色彩指的是在一定时期内被人们广泛采用的颜色。新鲜感是流行色彩的原动力。汽车流行色彩有其发展的规律。许多资料表明，汽车的流行色彩呈周期性变化。它的新鲜感大约在1年半，交替周期大约是3年半。例如，日本汽车的色彩变迁，1965年以前，明亮的灰色汽车受到广泛的欢迎；1965年盛行银色、蓝色和灰色的汽车；到了1968年，黄色的汽车日渐增多；1970年黄色汽车却逐渐减少，取而代之的是褐色和橄榄色的汽车；1982年，白色车占到了总数的50%；进入20世纪90年代后，黑色汽车销量增多。

技能训练

【技能训练目标】通过相关知识的文件检索、讲演，训练学生对汽车外形的欣赏、分析能力。

【技能训练准备】学生以课外小组的形式利用网络资源搜集并整理汽车造型图片和信息。

【技能训练步骤】教师在课前预留小组作业，布置学生搜集相关图片和信息。在课上分小组由代表展示小组作品，教师给予点评。

【技能训练注意事项】小组分工明确。

【技能训练活动建议】活动在多媒体教室进行，分小组展示图片信息、组内交流。

单元小结

1. 汽车诞生一百多年来，汽车外形经过了马车型、箱型、甲壳虫型、船型、鱼型、楔型和子弹头型等造型的演变。

2. 汽车色彩的设计因素主要考虑：汽车的使用功能、汽车的使用环境、汽车的使用对象、汽车的使用安全。

思考与练习

1. 根据所学内容填写表格。

汽车造型	造型优点	造型缺点
马车型		
箱型		
甲壳虫型		
船型		
鱼型		
楔型		
子弹头型		

2. 举例说明符合7种汽车造型的汽车品牌。

3. 确定汽车色彩的主要因素有哪些？

第四单元　汽车品牌文化

课题一　世界主要汽车公司及商标

❖ 学习目标

1. 了解世界著名汽车品牌；
2. 掌握世界主要汽车公司及商标含义。

❖ 知识结构

课题一	世界著名汽车品牌的发展历史
	世界主要汽车品牌的商标含义

问题导入

根据你所查资料情况，说说下面图 4-1 至图 4-6 中商标是属于哪国的汽车公司？其商标是哪种？商标的含义又是什么？

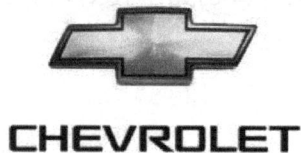

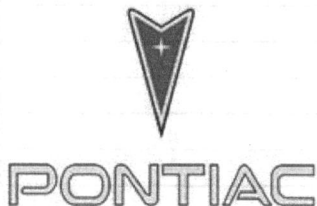

CHEVROLET
图 4-1　商标一

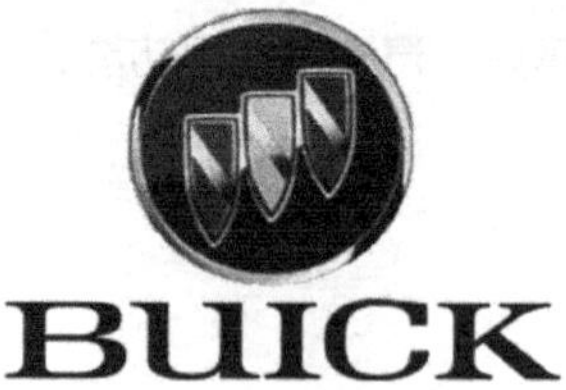
BUICK
图 4-2　商标二

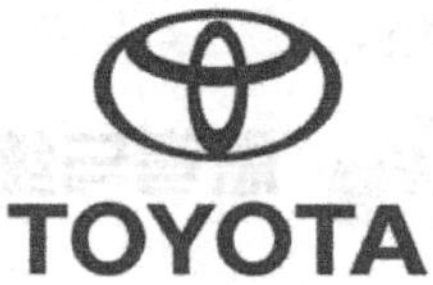
TOYOTA
图 4-3　商标三

PONTIAC
图 4-4　商标四

Oldsmobile
图 4-5　商标五

LAMBORGHINI
automobili
Lamborghini
图 4-6　商标六

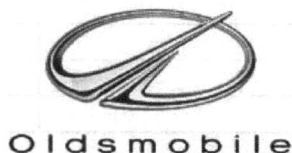

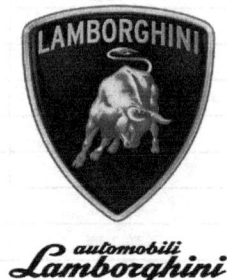

想一想

针对你所喜欢的某种或几种车型，说说它们生产于哪个汽车公司？其商标是哪种？商标的含义又是什么？

基本内容

汽车成为商品后，汽车公司如雨后春笋般兴起。目前，世界著名的汽车公司有 100 多家。从汽车公司的创建、发展和变迁的过程中可以看到世界汽车工业的成长历程。

汽车，从它诞生的那一天起，就吸引了众人的目光。从世界品牌中严谨规范的梅赛德斯·奔驰、血统尊贵的劳斯莱斯、卓尔不凡的凯迪拉克、高贵典雅的林肯、神奇的法拉利……到进入寻常百姓家的大众、吉利、奇瑞等系列轿车，无不让人体会到汽车可谓是"改变世界的机器"。一百多年的汽车发展史表明，汽车诞生于德国，成长于法国，成熟于美国，兴旺于欧洲，挑战于日本。而汽车商标是艺术性和象征性的高度统一，是汽车公司生存和信誉的缩影。不同的汽车品牌都有一段传奇的故事，讲述着汽车百余年的历史风云。

一、美国著名的汽车公司及其商标

（一）美国通用汽车公司、名车和商标

美国通用汽车公司是世界上最大的汽车公司，年工业总产值达 1 000 多亿美元。它是由威廉·杜兰特于 1908 年 9 月在别克汽车公司的基础上发展起来的，成立于美国的汽车城底特律，现总部仍设在底特律。

通用汽车公司商标见图 4-7。"GM"是美国通用汽车公司名称的缩写，取自通用汽车公司（General Motors Corporation）英文全称的前两个单词的第一个大写字母，意为通用汽车。"GMC"图案商标则是通用汽车公司载货车的专用标志，各车型商标都采用了公司下属分部的标志。

图 4-7　美国通用汽车公司的标志

通用汽车公司在美国拥有凯迪拉克、雪佛兰、别克、旁蒂克、奥兹莫比尔、土星和 GMC 7 个分部，在欧洲的欧宝、弗克斯豪尔、莲花等公司也是很有名的。

1. 凯迪拉克

凯迪拉克汽车分部的前身是凯迪拉克汽车公司，建于 1902 年，创建人是亨利·利兰德（Henry M. Leland）。他以前是奥兹的零件供应商，1900 年起自行制造汽车，并成为凯迪拉克汽车公司的生产经理。他造出"凯迪拉克"牌汽车时，已是近 60 岁的老人。

1909 年，凯迪拉克汽车公司加入了通用汽车公司。

凯迪拉克汽车公司成立时选用凯迪拉克作为公司的名称，是为了向法国的皇家贵族、探险家安东尼·门斯·凯迪拉克表示敬意，因为他在 1701 年建立了底特律市。

凯迪拉克汽车部主要生产凯迪拉克（Cadillac）、弗里特伍德（Fleet-wood）、都市（De Ville）等型轿车。

图 4-8 是凯迪拉克汽车部的汽车商标。其图形上为冠、下为盾，周围为郁金香花瓣构成的花环。冠上的 7 颗珍珠显示出了皇家贵族的尊贵血统，盾象征凯迪拉克军队的英勇，花环表示荣誉。商标喻示着凯迪拉克牌汽车的高贵和气派。

凯迪拉克商标自诞生以来，其花冠和盾牌的设计在不同时代不断地变化。1999 年，伴随着凯迪拉克品牌全球复兴号角的吹响，它的经典商标也迎来了自 1963 年之后的 27 年里首次大手笔的革新。此时凯迪拉克有了全新的设计理念"艺术与科技"，商标上原来的六只小鸟和皇冠图标被巧妙简化了，如图 4-9 所示。新标把剩下的图案重新组合，并在 2002 年隆重登场，看起来就像著名抽象几何画先驱彼埃·蒙德里安的作品，体现了时代气息。

图 4-8　凯迪拉克汽车部和汽车商标

图 4-9　新凯迪拉克汽车商标

凯迪拉克的商标喻示着汽车的高贵、豪华、气派和潇洒，其车型更显卓尔不凡，如图 4-10 至图 4-15 所示。

图 4-10　首辆凯迪拉克 A 型汽车

图 4-11　1914 年生产的 V8 发动机的凯迪拉克汽车

图 4-12　1933 年生产的 V16 凯迪拉克轿车

图 4-13　1953 年生产的豪华轿车爱都

图 4-14 1989 款的凯迪拉克 Fleet-wood 加长车

图 4-15 凯迪拉克 16 型高级轿车

凯迪拉克——皇家贵族的冠与盾。

2. 雪佛兰

雪佛兰（CHEVROLET）汽车部原是密执安雪佛兰汽车公司，建于 1911 年 11 月 3 日，创始人是威廉·杜兰特和瑞士的路易斯·雪佛兰。1918 年 5 月，雪佛兰汽车公司并入通用汽车公司。

雪佛兰汽车部主要生产罗米娜（Lumina）、叮喜佳（Corsica）、克尔维特（Corvette）等型轿车。

雪佛兰汽车部的汽车商标见图 4-16。

雪佛兰商标的设计，是雪佛兰公司的创始人之一杜兰特看报纸时设计的，又从巴黎酒店墙纸上的图案中获得灵感，对其进行简化并于 1914 年首次使用。在西方社会里，领结是人人喜爱的饰物，不但体现着大众文化，更标志着贵族的气派。

图 4-16 雪佛兰汽车部和汽车商标

雪佛兰——系蝴蝶领结的绅士。

雪佛兰作为通用汽车集团下最大的品牌，按迄今为止的累积汽车生产量计算，雪佛兰能算得上世界上最成功的汽车品牌。目前，它在美国销售排行榜上位居第一。它的车型品种极其广泛，从小型轿车到大型 4 门轿车，从厢式车到大型皮卡，甚至从越野车到跑车，消费者所需要的任何一种车型，都能找到一款相应的雪佛兰。如图 4-17 和图 4-18 所示雪佛兰汽车。作为通用汽车旗下最为国际化和大众化的品牌，雪佛兰拥有强大的技术和市场资源。

图 4-17 雪佛兰康凡 C-3

图 4-18 雪佛兰克尔维特

克尔维特（Corvette）（见图 4-18 和图 4-19）是雪佛兰部生产的高级跑车。它在中国的知名度应该比不上法拉利和保时捷，但它在美国堪称国宝，代表着美国的历史、文化、精神，还有最高端的汽车技术。克尔维特这个名字来源于欧洲 16 和 17 世纪很流行的一种轻型护卫舰。第一代克尔维特于 1953 年问世，它是设计师哈里·厄尔设计的。1957 年，厄尔设计出独特的"鲨鱼嘴"散热器格栅，大灯采用暗藏式。1963 年，比尔·米切尔又设计出新款克尔维特。自克尔维特诞生那天起，就以超凡的魅力、独一无二的款式畅销全世界，是美国汽车工程艺术领域的代表之一。

克尔维特新商标（见图 4-20）是交叉的两面旗子。那面黑白相间的旗子，表示该车是参加公路汽车大赛的运动车；那面红色的旗子上的蝴蝶领结商标，表示该车由雪佛兰分部制造。

图 4-19　克尔维特跑车系列实际尺寸　　　　图 4-20　克尔维特新商标

3．别克

别克（BUICK）汽车公司建于 1903 年 5 月 19 日，创始人是大卫·别克，但不久公司就陷入了困境。后在威廉·杜兰特的资助下，公司才兴旺起来。1908 年，以别克汽车公司为中心，创建了美国通用汽车公司。别克分部主要生产别克君威（Buick Regal）、别克林阴大道（Buick Park Avenue）、别克世纪（Buick Century）等型轿车。97 别克世纪中型轿车为全新款式，是为迎接新世纪的到来精心设计制造的轿车。其精制的垂直竖条散热器罩是新款车的醒目标志，流畅侧视雕塑式外形，极具现代气息，更增加了别克轿车的品牌特征。

别克汽车部培育了许多汽车名人，如威廉·杜兰特、沃尔特·克莱斯勒、路易斯·雪佛兰等。

别克商标见图 4-21。商标是三把颜色不同（从左到右依次为红、白、蓝三种颜色）并依次排列在不同高度上的利剑，表示积极进取、不断攀登的意念；表示别克部采用顶级技术，刃刃见锋；也表示别克部培养出的人才个个游刃有余，是无坚不摧、勇于登峰的勇士。

别克——三把利剑。

图 4-21　别克汽车部和汽车商标

4．旁蒂克

旁蒂克（PONTIAC）部原为奥克兰汽车公司，建于 1907 年 8 月 28 日，创始人是爱德华·墨菲。旁蒂克是一个印第安酋长的名字，18 世纪他曾率部在底特律附近抵抗英法殖民者。为纪念他，将靠近底特律市的一座小城命名为旁蒂克市。1909 年 4 月 9 日，奥克兰汽车公司加入通用汽车公司，自 1932 年 4 月 6 日起正式使用旁蒂克汽车部这一名称。旁蒂克部主要生产旁蒂克（PONTIAC）、玻纳维利（Bonneville）、火鸟（Firebird）等轿车。

旁蒂克商标见图 4-22。旁蒂克商标是带十字标记的箭头。

十字标记表示旁蒂克汽车是通用汽车公司的成员，也象征着旁蒂克汽车安全可靠。箭头则代表旁蒂克的技术超前和攻关精神。

旁蒂克——带十字标记的箭头。

图 4-22　旁蒂克汽车部和汽车商标

5．奥兹莫比尔

奥兹莫比尔（Oldsmobile）部原为奥兹汽车公司，由兰塞姆·奥兹于 1897 年 8 月 21 日创建。1908 年 11 月 12 日，奥兹汽车公司并入通用汽车公司，更名为奥兹莫比尔汽车部。奥兹莫比尔之名是由奥兹（Olds）加上莫比尔（Mobile）得来的。奥兹（Olds）是公司创始人兰塞姆·奥兹的姓，莫比尔（Mobile）在英语里是机动车之意，因此奥兹莫比尔就是奥兹的机动车。奥兹莫比尔汽车部生产短剑（Cutlass）、德尔塔（Delta）等轿车。

奥兹莫比尔商标见图 4-23。商标是一架简化了的飞机，飞机图案象征该部积极向上和勇往直前的创新精神，也象征该部的汽车像飞机那样快速舒适。

遗憾的是，2000 年奥兹莫比尔汽车销量大幅下降，通用宣布放弃历经沧桑的奥兹莫比尔品牌。

奥兹莫比尔——飞机。

图 4-23　奥兹莫比尔汽车部和汽车商标

6. 土星

图 4-24　土星商标

土星（SATURN）部是通用汽车公司创建的分部。

土星商标见图 4-24。土星是太阳系中的一颗行星，体积是地球的 755 倍，有一条美丽的光环围绕着它，商标中的图案就是表现了这颗行星的运动轨迹，给人一种高科技、新观念、超时空的感觉，寓意土星汽车技术先进，设计超前且最具时代魅力。在红色背景前，显示出了两条星球运行的轨迹，也像高分子运行的轨迹。其含义在于开发高科技材料，追求高科技产品、新成果的结晶。

土星——太阳系中最具魅力的行星。

（二）福特汽车公司、名车和商标

1903 年 6 月 16 日，亨利·福特创建了福特（Ford）汽车公司，总部设在底特律市。在美国有福特部和林肯·默寇利部等。

福特部生产雷鸟（Thunderbird）、野马（Mustang）、眼镜蛇（Cobra）等轿车或跑车；林肯默寇利部生产林肯·大陆（Lincoln Continental）、林肯·城市（Lincoln Town）等高级轿车。

福特的商标见图 4-25。商标采用蓝底白字的福特英文 Ford 字样，形似小白兔。福特十分喜爱动物，1911 年，商标设计者为了迎合福特的嗜好，就将英文 Ford 设计为形似奔跑的小白兔形象，犹如在温馨的大自然中，有一只活泼的小白兔矫健潇洒地正在向前飞奔，象征福特汽车飞奔向世界各地。

福特——飞奔的小白兔。

图 4-25　福特汽车公司和汽车商标

1. 野马和眼镜蛇

福特部野马（Mustang）跑车商标中的奔马是原产于墨西哥和美国加利福尼亚州的一种名贵野马，它身强力壮，善于奔跑。

野马——高速奔驰。

福特部眼镜蛇（Cobra）跑车商标是一个昂首挺胸的眼镜蛇图案，眼镜蛇跑车由野马跑车改装而成，野马商标仍在车的前部，眼镜蛇商标则在车的两侧。商标的配合像是眼镜蛇追击野马，野马不得不急驰。

野马、眼镜蛇商标见图 4-26。

图 4-26　野马和眼镜蛇汽车商标

2．林肯和默寇利

林肯汽车公司是由亨利·利兰德于 1917 年 8 月创建的，当时他已经 74 岁。在此之前，利兰德还成立了著名的凯迪拉克汽车公司，被誉为美国汽车工业界的"精密生产大师"。

1922 年 2 月 4 日，福特汽车公司收购了豪华汽车公司，将其更名为林肯（LINCOLN）部。1949 年，福特汽车公司将林肯部和默寇利部（Mercury）合并为林肯·默寇利部。

亚伯拉罕·林肯是美国第 16 任总统。林肯是美国豪华轿车的品牌，它是地位和财富的象征。美国总统柯立芝、胡佛、罗斯福、杜鲁门、艾森豪威尔、肯尼迪、尼克松、卡特、里根、布什、克林顿都乘坐林肯牌轿车。林肯汽车商标是由一颗闪闪发光的星辰和一个近似矩形的外框组成的图案，表示林肯总统是美国联邦统一和废除奴隶制度的启明星，也喻示着林肯牌轿车光辉灿烂。

林肯——启明之星。

默寇利是罗马神话中主管商业和道路之神的名字。默寇利商标中三条道路分隔线表示天下道路为默寇利牌汽车修筑，也象征着该车将畅通无阻地飞驰在各种道路上。

默寇利——主管商业和道路之神。

林肯和默寇利商标如图 4-27 和图 4-28 所示。

图 4-27　林肯汽车商标

图 4-28　默寇利汽车商标

（三）克莱斯勒汽车公司、名车和商标

克莱斯勒（CHRYSLER）汽车公司目前是美国第三大汽车公司，总部设在底特律市。公司名称源于其创始人沃尔特·克莱斯勒。克莱斯勒汽车公司的前身是 1907 年建立的马克斯威尔汽车公司。1925 年沃尔特·克莱斯勒收购了该公司，更名为克莱斯勒汽车公司。该公司拥有顺风、道奇、鹰·吉普部，主要生产纽约人（New Yorker）、幽灵（Spirit）、蝰蛇（Viper）、大篷车（Cara van）、潜行者（Prowler）、切诺基·吉普（Cherokee Jeep）等汽车。

克莱斯勒汽车公司于 1998 年 11 月 12 日与德国的戴姆勒-奔驰汽车公司合并为戴姆勒-克莱斯勒汽车公司（简称戴克汽车公司）。

克莱斯勒汽车公司原商标像一枚五角星勋章，五角星的五个部分表示五大洲都在使用克莱斯勒汽车公司的汽车，克莱斯勒汽车遍及全世界，如图 4-29 所示。

目前，克莱斯勒采用的商标（见图 4-30）是在花形图案上有"CHRYSLER"字样。

图 4-29　克莱斯勒汽车旧商标　　　　　　　图 4-30　克莱斯勒汽车新商标

克莱斯勒——地球上永远盛开的鲜花。

1. 原克莱斯勒部和纽约人轿车商标

克莱斯勒轿车中纽约人车史已有 90 多年，在激烈的竞争中，纽约人经历了无数次风风雨雨，正像其商标——鹰一样迎风斗险，坚强挺立，显示出旺盛的生命力。

纽约人——展翅雄鹰。

2. 顺风部商标

顺风部也称普利茅斯（PLYMOUTH）部，普利茅斯是 1620 年英国向美国迁移清教徒的港口，顺风部的产品就用普利茅斯命名。

普利茅斯——清教徒乘坐过的"珠夫拉瓦号"帆船。

顺风部商标如图 4-31 所示。

3. 道奇部和道奇车、蝰蛇跑车商标

1914 年，由道奇兄弟（约翰·弗朗西斯·道奇和霍瑞斯·埃尔金·道奇）创建了道奇（DODGE）汽车公司。1928 年被克莱斯勒汽车公司收购，成为克莱斯勒汽车公司的一个分部。

道奇部的商标是一个在五边形中的公羊头，象征着道奇汽车强壮彪悍，善于决斗，如图 4-32 所示。

道奇——公羊头。

蝰蛇（Viper）跑车是克莱斯勒汽车公司道奇部生产的名车。蝰蛇是美国最凶猛的蛇种，所用的图形商标是一条张着血盆大口的蝰蛇，象征蝰蛇跑车勇猛无比。该商标设计者罗尔·谢尔比，在设计中特别突出了蝰蛇那双烁烁放光的眼睛和锐利的牙齿，即以藐视的目光盯着对手，露出毒牙以击退敌人，如图 4-33 所示。

蝰蛇——勇猛无比。

图 4-31 顺风部汽车商标

图 4-32 道奇汽车商标

图 4-33 蝰蛇跑车商标

4. 鹰·吉普部汽车商标

鹰·吉普（Eagle Jeep）部是美国克莱斯勒汽车公司专门生产轻型越野汽车的部门，是美国克莱斯勒汽车公司接收美国汽车公司后于 1980 年成立的子公司，是世界上最大的越野汽车制造厂。鹰·吉普部商标是一只雄鹰（见图 4-34）。"雄鹰展翅，直上云霄"，"暴风骤雨，鹰击长空"，表示该部具有雄鹰的优秀品质，勇攀技术高峰。

切诺基·吉普（Cherokee Jeep）汽车是克莱斯勒汽车公司的鹰·吉普部生产的越野汽车，切诺基（Cherokee）取自美洲印第安部族切诺基土人。他们世代居住在山区，由于生活和狩猎的需要，擅长在山地攀行，以此表示切诺基·吉普汽车能攀过岩石、涉过泥水，具有优良的越野性。

吉普（Jeep）是克莱斯勒汽车公司生产的轻型越野汽车的商标，其商标如图 4-35 所示。

鹰·吉普——如雄鹰一般的汽车。

图 4-34 鹰·吉普部汽车商标

图 4-35 Jeep 汽车商标

知识链接

小故事

"吉普"的由来

1937 年，美国画家斯格（Segar）在他的连环画中画了一种在飞行时会发出"吉普、吉普"叫声的鸟。

1940 年 9 月，威力斯等汽车公司为好利博德军营送去一辆叫威力斯 CJ-2 的汽车，性能很好。在第二次世界大战中，该型汽车一批批地开上了战场，冲锋陷阵、勇往直前，使它成为战场上的"万能士兵"。后来，美国士兵就引用了连环画中那只鸟发出的"吉普（Jeep）"叫声给这种车型命名。战争结束后，吉普却没有被冷落，从农场到油田，到处都能看到吉普的身影。

知识扩展1

汽车命名的"三原则"

给汽车命名是一项点石成金的智慧性工作，不仅关系到汽车形象的塑造，也意味着汽车商战的成败。

汽车命名讲究三原则。

1. 个性

汽车命名需具有个性，反映汽车公司和汽车的个性，创造一种品牌。如梅赛德斯、宝马、皇冠、红旗等。

2. 内涵

汽车命名需具有文化韵味和深刻内涵，汽车命名不仅要成为一个听觉信号，而且还是一种文化艺术的缩影。如雷克萨斯、蓝鸟、宝来等。

3. 文化差异

最明显的文化差异是国家、地区和民族间的差异。同一汽车品牌在不同文化背景下，消费者的理解也会不同。

在俄罗斯，拉达（Lada）牌轿车原名为日古利。日古利是伏尔加河畔的一条山脉，高山巍巍，取意自然不错。但是，在英语中，日古利等于"舞男"（Gigulu）；在阿拉伯语中，甚至与"骗子"、"假货"的读音相似。高山成了舞男，名车成了骗子和假货，于是为了便于出口，将日古利改为Lada。拉达是一种在伏尔加河上航行的古老帆船的名称。

二、德国的著名汽车公司及其商标

（一）戴姆勒-奔驰汽车公司、名车和商标

戴姆勒-奔驰汽车公司是世界上老资格的汽车生产厂家之一，以生产高质量、高性能的豪华汽车闻名于世。其前身是戴姆勒汽车公司和奔驰汽车公司，创始人分别是卡尔·本茨和哥特里布·戴姆勒。1926年，两个公司合并后改称为戴姆勒-奔驰汽车公司，总部设在德国斯图加特，年产汽车约100万辆，产量居德国第二，销售额为德国第一。

为了说明现在的戴姆勒-奔驰汽车商标的演变过程，首先回顾奔驰汽车公司和戴姆勒汽车公司的最初商标。

1909年，奔驰汽车公司设计了一个用代表吉祥、胜利和月桂枝围绕着 BENZ 字样的圆形图徽作为公司和汽车的商标。奔驰商标就像一项桂冠，喻示该公司在汽车领域独占鳌头，

其产品独夺桂冠。

知识链接

小故事

"桂冠"的传说

"桂冠"在希腊神话故事中有一段动人的传说：掌管艺术的太阳神阿波罗正要渡过贝涅河时，他看见了河神的女儿——美丽、天真、烂漫的达芙奈，便一见钟情。

达芙奈为了逃避阿波罗的求爱而向月桂树林奔跑，当阿波罗追到达芙奈身后时，达芙奈奋力喊道："父亲！快将我的美貌毁掉吧！"语音刚落，奇异的景象就发生了：达芙奈的两条腿笔直地站着不能动弹了，双脚变成树根，身上出现了一层灰色的树皮，双臂变成了树枝，头发变成了树叶。当阿波罗赶到时，他只能抓到一根圆滑的树干，但他仍能感觉到达芙奈的心房在怦怦跳动。

"啊！达芙奈，"阿波罗无限悲痛地倾吐自己矢志不渝的爱情："从现在起，你就是阿波罗最喜欢的树木，我将用你永生的树叶编成桂冠"。固此后人就用桂冠代表成功、荣誉和辉煌。

1873 年，担任道依茨（DENTZ）发动机技术部主任的哥特里布·戴姆勒在给妻子寄去的明信片上，画上了一颗三叉星以代表他当时的住处，并特别声明："总有一天，这颗吉祥之星将会照耀我毕生的工作。"

1901 年 9 月 26 日，戴姆勒汽车公司获得戴姆勒·梅赛德斯汽车商标注册，开创了一个崭新的梅赛德斯时代。以后的几年内，戴姆勒汽车公司一直寻求一种引人注目的商标与风靡时尚的梅赛德斯车名相配，戴姆勒的儿子鲍尔忽然想起父亲生前在明信片上所画的三叉星。1909 年 6 月 24 日，戴姆勒汽车公司采用了将一颗大三叉星和四颗小三叉星及梅赛德斯（MERCEDES）置于圆环之中的商标。三叉星被誉为幸运吉祥之星。

奔驰汽车公司成立后，所用商标是将原戴姆勒汽车公司商标和奔驰汽车公司商标进行了综合，在两个嵌套的圆中含有一颗三叉星，"MERCEDES"字样在上，"BENZ"字样在下，两者之间用月桂枝树叶相连，如图 4-36 所示。

图 4-36　戴姆勒-奔驰公司汽车标志的演变过程

现在戴姆勒-奔驰汽车公司和汽车商标，是简化了的形似方向盘的一个环形圆围着三叉星的立体商标，并以月桂枝树叶包围着的"MERCEDES"、"BENZ"的圆盘为底座。

戴姆勒-奔驰——陆海空全方位的三叉星。

写作与演讲

请你试一试

请收集资料后：讲述戴姆勒-奔驰汽车商标的演变过程及其各商标的寓意。

（二）大众汽车公司、名车和商标

大众汽车公司是世界十大汽车公司之一，创建于 1938 年德国的狼堡，创始人是世界著名的汽车设计大师费迪南德·波尔舍。1938 年，大众汽车新厂在沃尔斯堡奠基，由波尔舍主持建设，并于 1939 年建成。

大众汽车公司生产甲壳虫（Beetle）、帕萨特（Passat）、桑塔纳（Santana）、高尔夫（Golf）、捷达（Jetta）、波罗（Polo）、宝来（Bora）、路波（Lupo）等型汽车。

1. 大众商标

大众汽车公司的德文是 VolkSwagenwerk，意为大众使用的汽车，图形商标是德文 Volkswagen-werk 单词中的两个字母 V 和 W 的叠合，并嵌套在一个圆内（见图 4-37）。

大众——圆中的 VW。大众汽车公司和汽车的商标由字母"V"和"W"组合而成，图案简洁、大方、明了。另外，此商标也可理解成由三个用中指和食指构成的"V"组成，表示大众汽车公司及其产品必胜，必胜，必胜。

图 4-37　大众汽车商标

2. 桑塔纳和帕萨特车名

桑塔纳车名来自美国加利福尼亚州一个盛产名贵葡萄酒的桑塔纳山谷。该山谷经常刮强劲、凛冽的旋风，人们称为桑塔纳。大众汽车公司偏爱采用各种风的名称，因此取名为桑塔纳，希望公司生产的汽车像旋风一般刮遍全球，风靡世界。

桑塔纳——强劲、凛冽的著名旋风。

帕萨特——贸易风。

3. 宝来车名

宝来原意也是风，是圣德里亚海东岸的一种东北风，中国一汽大众则赋予它一个具有民族文化特色、吉祥如意的名字——宝来。

（三）奥迪汽车公司、名车和商标

奥迪汽车公司现为大众汽车公司的子公司，总部设在德国的因戈尔施塔特，创始人是奥古斯特·霍希。

1899 年，奥古斯特·霍希在科隆创建了霍希（HORCH）汽车公司。后来，由于企业管理阶层矛盾日益扩大，霍希在 1909 年 6 月不得不离开自己创办的汽车公司。1910 年，霍希又创建了第二家霍希汽车公司，但遭到原公司的控告，法院裁定新建的汽车公司必须更名。但霍希不甘心败诉，坚持让公司与自己同名，董事会对此一筹莫展。

后来，有人将霍希（Horch，听的意思）译成拉丁文奥迪（Audi），开始推出奥迪系列各款汽车。

1932 年 6 月 29 日，奥迪、霍希、漫游者（Wanderer）和蒸汽动力车辆厂（DKW）四汽车制造商在开姆尼茨市成立了汽车联盟股份公司（Audi Auto Union AG）。四个圆环分别代表四家公司，象征兄弟四人紧握手，如图 4-38 所示。半径相等的四个紧扣连环象征公司成员平等、互相协作的亲密关系和奋发向上的敬业精神。

图 4-38　奥迪汽车商标

四连环——兄弟四人紧握手。

1958 年，汽车联盟股份公司被戴姆勒-奔驰汽车公司收购，1964 年又被转卖给大众汽车公司。1969 年，大众汽车公司买下德国的纳苏汽车公司，汽车联盟股份公司改称为奥迪纳苏汽车联合公司。1985 年，又更名为奥迪（AUDI）汽车公司，商标未变。奥迪汽车公司生产的轿车有奥迪（Audi）A4、A6、A8 等。

写作与演讲

请你试一试

请讲述奥迪车名和四连环商标。

（四）宝马汽车公司、名车和商标

宝马汽车公司是驰名世界的汽车企业，也被认为是高档汽车生产业的先导。它和奔驰汽车公司一样，不追求汽车产量的扩大，只追求生产高品质、高性能和高级别的汽车。"坐奔驰，开宝马"的说法，表明了奔驰的稳重和宝马的豪放。只有开宝马车，才能享受到它那痛快淋漓的神奇风采。

1916 年，卡尔·拉普和马克思·弗里茨在德国慕尼黑建立了巴依尔发动机公司，1918 年更名为宝马汽车公司。

宝马 328（见图 4-39）被誉为世界上第一辆真正的敞篷跑车，1936 年在德国纽伦堡参赛夺魁。由于该车只生产了 464 辆，产量极少，是世界上最珍贵的老爷汽车之一。1962 年推出的宝马 1500 轿车被誉为挽救宝马危机的战略性"新旗舰"。

宝马商标是在双圆环的上方标有 BMW 字样，这是宝马汽车公司全称缩写，如图 4-40

所示。商标内圆中为蓝白两色相间的螺旋桨图案，代表在蓝天白云和广阔时空旅途中运转不停的螺旋桨，象征该公司过去在航空发动机技术方面的领先地位，又象征着公司在广阔时空旅途中，以创新的科技、先进的观念，满足消费者的最大愿望，反映了宝马汽车公司蓬勃向上的气势和日新月异的面貌。

图 4-39　宝马 328

图 4-40　宝马汽车商标

宝马——蓝天白云螺旋桨。

（五）保时捷汽车公司、名车和商标

保时捷（PORSCHE）汽车公司成立于 1930 年，创建人是费迪南德·波尔舍，总部设在斯图加特市。该公司生产的跑车和赛车在世界上很有名气。

自 1923 年波尔舍出任奥地利戴姆勒汽车公司首席设计师起，他就一直想攒够钱制造出属于自己的高性能跑车，但愿望一直未能实现。谁知一个不幸的机会促成了第一辆保时捷跑车的问世。1945 年波尔舍被捕，其子费利·波尔舍急需资金用以营救父亲，于是接受了意大利富商杜西欧的要求为其制造赛车。首席设计师卡尔拉比与费利联手，于 1947 年 7 月完成图纸设计，1948 年 6 月 8 日，一辆带有 PORSCHE 标志的西斯塔尼亚跑车终于问世了，当年，又造出了保时捷 356 跑车。1963 年费利的长子亚历山大·费迪南德·波尔舍又推出保时捷 911 跑车。

费迪南德·波尔舍以及他的儿子费利·波尔舍、孙子费迪南德·亚历山大·波尔舍都堪称汽车设计大师，他们三代人推出的跑车和赛车风靡全世界。

保时捷商标由文字商标（PORSCHE）和图形商标（斯图加特盾形市徽）两部分构成，如图 4-41 所示。PORSCHE 字样在商标最上方，市徽中的 STUTTGART 说明保时捷汽车公司总部设在斯图加特市，商标中间是一匹骏马，表示斯图加特这个地方盛产一种名贵种马，商标的左上方和右下方是鹿角的图案，表示斯图加特曾是狩猎的好地方，商标的右上方和左下方有黑色、红色和黄色的条纹，黑色代表肥沃的土地，红色象征着人们的智慧和热情，黄色代表成熟的麦子。该商标展现了保时捷汽车公司美好的未来。

图 4-41　保时捷汽车商标

保时捷——斯图加特盾形市徽。

（六）欧宝汽车公司、名车和商标

欧宝汽车公司建于 1862 年，是以创建人亚当·欧宝（Adam Opel）的姓氏 Opel 命名的，曾译为奥贝尔公司，公司最初生产缝纫机、自行车。从 1893 年开始，欧宝计划制造汽车。1896 年试制了第一辆车；1898 年经过改进，把该车型推向市场，但在性能上存在缺点，1902 年转让给达拉克。这时，欧宝已过世，其妻索菲娅与 5 个孩子共同合作，致力于改进试制汽车。1924 年，公司建成德国第一条生产汽车的流水线。1929 年，成为美国通用汽车公司的子公司。近年来，已经畅销全球的欧宝欧美佳（Omega）、维达（Vectra）、议员（Senator）、雅特（Astra）等轿车在世界各地的各种权威轿车评选中获得多项大奖，这也是对欧宝轿车长期以来所坚持的科技创新和精良工艺的最好肯定。

欧宝汽车标志为"闪电"图案，"圆圈闪电"（见图 4-42），即喻示欧宝汽车风驰电掣，同时也炫耀它在空气动力学方面的研究成就，欧宝汽车的力量和速度是无与伦比的，欧宝公司永远充满着生机与活力。

图 4-42　欧宝汽车商标

欧宝——风驰电掣。

三、法国的著名汽车公司及其商标

自德国人发明汽车后，法国汽车工业的先驱者们迅速地制造汽车，完善汽车结构，创建汽车公司。1890 年，法国人勒内·本哈特、埃米尔·拉瓦索和阿尔芒·标致制造了法国第一辆汽车，开创了法国汽车工业的先河。1896 年标致创建的标致汽车公司和 1898 年雷诺三兄弟创建的雷诺汽车公司，是继奔驰汽车公司、戴姆勒汽车公司之后世界范围内较早创建的汽车公司。

（一）标致汽车公司、名车和商标

标致公司作为法国最大的汽车集团公司，创立于 1890 年，创始人是阿尔芒·标致。1848 年，标致在巴黎创建了一座工厂，生产锯条、弹簧和齿轮等。1896 年，在蒙贝利亚尔省创建了标致（PEUGEOT）汽车公司。该公司生产的主要车型有标致（Peugeot）106、标致 205GT、标致 309GR、标致 405、标致 505、标致 407、标致 607（见图 4-43）。

标致的商标是雄狮（见图 4-44）。雄狮图案是蒙贝利亚尔省创建人标致家族的徽章。据说，标致的祖先曾到美洲探险，在那里见到了令人惊奇的动物——狮子，于是就用狮子做家族的徽章，后来又成为蒙贝利亚尔省的省徽。雄狮商标最初只用于锯条，1880 年演变为标致公司的惟一商标。1850—2003 年，标致的雄狮图案经过了 9 次演变，目前采用的是前爪伸出做拳击状的立狮图案。雄狮商标既突出了力量，又强调了节奏，富有时代感。喻示着标致汽车像雄狮一样威武、敏捷，永远保持旺盛的生命力。

图 4-43 标致 607

图 4-44 标致汽车商标

标致——站立的雄狮。

（二）雪铁龙汽车公司、名车和商标

雪铁龙汽车公司是法国第三大汽车公司，它创立于 1915 年，创始人是安德烈·雪铁龙。主要产品是小客车和轻型载货车。雪铁龙汽车公司总部设在法国巴黎。

1912 年，安德烈·雪铁龙创建了以自己姓氏命名的雪铁龙（CITROEN）齿轮公司，1915 年更名为雪铁龙汽车公司。该公司生产的主要车型有雪铁龙 Cx、雪铁龙 Ax、雪铁龙 Zx、雪铁龙萨拉（Xsara）、雪铁龙伯利克（Break）、雪铁龙伊维辛（Evasion）等。

由于雪铁龙汽车公司的前身是雪铁龙齿轮公司，所以商标是一对人字形齿轮，象征人们密切合作、同心协力、步步高升，如图 4-45 所示。

雪铁龙——一对人字齿轮。

标致-雪铁龙汽车公司是世界十大汽车公司之一，它由标致公司和雪铁龙公司合并重组而成。1976 年，标致汽车公司与雪铁龙汽车公司合作，成立了标致-雪铁龙汽车公司。1980 年，改为标致-雪铁龙集团（PSA—Peugeot Societe Anonyme），包括标致汽车公司、雪铁龙汽车公司和塔伯特（TALBOT）汽车公司。

（三）雷诺汽车公司、名车和商标

雷诺（RENAULT）汽车公司由路易斯·雷诺与其兄菲尔南德·雷诺、马塞尔·雷诺于 1898 年在法国比杨古创建，并以创始人姓氏命名。

雷诺汽车公司生产的主要车型有阿尔派（Alpine）、埃斯佩斯（Espace）、梅苔娜（Megane）、风景（Scene）等。

雷诺商标为菱形图案（见图 4-46），象征雷诺三兄弟与汽车工业融为一体，表示雷诺汽车公司能在无限的空间中竞争、生存、发展。

雷诺——菱形。

图 4-45　雪铁龙汽车商标

图 4-46　雷诺汽车商标

四、英国的著名汽车公司及其商标

（一）劳斯莱斯汽车公司、名车和商标

劳斯莱斯（ROLLS-ROYCE）汽车公司建立于 1906 年，是由劳斯汽车销售公司和莱斯汽车制造公司联合而成，并以创始人查尔斯·劳斯和亨利·莱斯的姓氏命名。

公司商标采用 ROLLS、ROYCE 两个单词的开头字母 R 叠合而成，如图 4-47（a）所示喻意团结奋进、精诚合作、共同创业的精神。

（a）劳斯莱斯的字体叠合商标　　　（b）劳斯莱斯的雕塑商标

图 4-47　劳斯莱斯汽车公司和汽车商标

知识链接

小故事

"飞翔女神"

劳斯莱斯的雕塑商标[见图 4-47（b）]是一尊金灿灿的飞翔女神像。1911 年，经朋友蒙塔古介绍，劳斯认识了《汽车画报》的画家兼雕刻家查理斯·赛克斯，求他为劳斯莱斯汽车设计一尊雕塑商标。赛克斯就以本画报社的莎恩顿小姐为模特，设计了飞翔女神，意为速度之魂。

劳斯莱斯汽车——飞翔女神。

劳斯莱斯轿车以外形独特、古色古香、性能优良而驰名世界，是当今世界最尊贵、最豪华、最气派的轿车，被喻为帝王之车，在世界车坛上享有崇高的地位。

劳斯莱斯汽车公司生产的主要名车有：银鬼（Silver Ghost）、鬼怪（Phantom）1～鬼怪6、银云（Silver Cloud）、险路（Corniche）、银影（Silver Shadow）、银刺（Silver Spur），幻

影（Phantom）等。多年来，劳斯莱斯一直被认为是世界名车之最，从 1906 年 3 月至 2003 年 1 月，劳斯莱斯轿车只生产了十余万辆。

（二）美洲豹汽车公司、名车和商标

美洲豹（Jaguar）（又译美洲虎、捷豹）汽车公司原是利兰汽车公司的分部，素以生产豪华的美洲豹运动车而闻名于世。美洲豹汽车公司建于 1935 年，创始人是威廉·莱昂斯，总部设在考文垂。现在该公司是美国福特汽车公司的子公司。

美洲虎跑车是该公司的名牌产品。富有动感和勇猛无比的新美洲虎跑车，在造型上继承了原美洲虎的特点，使新美洲虎更加焕发出新的时代光彩。美洲虎跑车以其雄姿而倾倒众多车迷，受到车迷们的特殊宠爱和垂青。

最早出现在美洲豹运动车上的标志是一只扑跃向前的美洲豹金属雕像，矫健而勇猛，安放在车头上，确实十分神气，象征着速度与力量。以后又出现一种美洲豹的浮雕头像，怒目咆哮，盛气凌人，成为美洲豹运动车的另一种标志，它体现了该车的名贵和公司的雄心勃勃。

美洲虎目前采用美洲虎雕塑和头像商标（见图 4-48）。美洲虎是世界上稀有、名贵的动物，这也体现了美洲虎汽车公司生产的汽车名贵和其勃勃雄心。

图 4-48　美洲虎汽车公司和汽车商标

（三）陆虎汽车公司、名车和商标

陆虎（ROVER）汽车公司曾译为罗孚，前身是建于 1884 年的自行车制造厂。1904 年开始生产汽车，现是宝马汽车公司的子公司。陆虎汽车公司目前生产 200 车系、400 车系、600 车系、800 车系、MINI 车系、吉普车系（Ranger ROVER）、发现者车系（Discovery）等。在中国销售的主要有 Rover 75、MGTF 等。

陆虎是一个勇敢善战的北欧海盗民族，所以路虎汽车商标采用了一艘海盗船（见图 4-49），张开的红帆象征着公司乘风破浪、所向披靡的大无畏精神。

陆虎——海盗船。

（四）本特利汽车公司、名车和商标

本特利（也译为宾利）汽车公司（Bentley Motors Ltd.）原是英国一家独立的汽车公司，建于 1919 年。创始人是沃尔特·欧文·本特利（Walter Owen Bentley），业内同事都称他为"WO 先生"。1933 年，被劳斯莱斯公司收购，成为劳斯莱斯公司下属的本特利跑车部。1999 年成为大众集团的一个品牌。

本特利商标是一只展翅翱翔的雄鹰（见图 4-50），鹰的腹部注有公司名称 BENTLEY 第一个大写英文字 B。鹰形商标喻示着本特利汽车公司在全球范围内的发展能力。

本特利——展翅翱翔的雄鹰。

图 4-49　陆虎汽车公司和汽车商标

图 4-50　本特利汽车商标

（五）莲花汽车公司、名车和商标

1951 年，查普曼在英国诺里奇创建莲花（LOTUS）汽车公司，也称为洛特斯汽车公司，现被意大利菲亚特汽车公司合并。

该公司主要生产跑车，在世界轿车厂商评估中曾多次获得优胜奖。莲花汽车公司主要产品有精灵（Esprit）、卓越（Excel）、埃兰（Elan）等跑车。

莲花商标除了有 LOTUS 字样外，还以创建人查普曼姓名全称（A.C.B.CHAPMAN）的四个英文字母 A、C、B、C 叠加而成，如图 4-51 所示。

图 4-51　莲花汽车商标

莲花——查普曼创建的莲花。

五、意大利的著名汽车公司及其商标

（一）菲亚特汽车公司、名车和商标

19 世纪末欧洲和美国工业革命时期，科技创新活动十分活跃，新产品、新发明层出不穷。新公司如雨后春笋般地出现，预示着人类的生活方式将有一个大的进步和改善。1899 年 7 月 11 日，9 名意大利企业家和皮埃蒙特贵族以 8 万里拉的社会资本创建了"意大利都灵无名氏汽车制造厂"，简称 FIAT（菲亚特）汽车制造厂。厂址设在都灵市，创始人是乔瓦尼·阿涅利。经过一个多世纪的发展，菲亚特汽车公司已成为意大利规模最大的汽车公司。不仅汽车产量占意大利汽车总产量的 90%以上，而且还控制着阿尔法·罗密欧、蓝旗亚、玛莎拉蒂、法拉利等汽车公司。

图 4-52　菲亚特汽车商标

菲亚特汽车公司目前生产熊猫（Panda）、伙伴（Tipo）、乌诺（Uno）、克罗马（Croma）等汽车。我国引进生产的西耶那（Siena）、派力奥（Palio）都是意大利著名设计师乔治亚罗设计的。

目前，菲亚特的商标是圆形图案，月桂枝树叶环绕 FIAT，如图 4-52 所示，表示菲亚特汽车公司的成功、荣誉和辉煌。

菲亚特——桂冠。

知识链接

小知识

依维柯（IVECO）公司

依维柯（IVECO）公司的全称为工业车辆公司（Industrial Vehicles crop.B.V），创建于1975年，是一家以菲亚特汽车公司为主体的三国四公司（意大利：菲亚特汽车公司、奥姆股份有限公司；法国：隆尼克股份有限公司；德国：马季路斯-道依茨公司）组成的欧洲跨国公司名，主要生产载货汽车和客车。

（二）阿尔法·罗密欧汽车公司、名车和商标

阿尔法·罗密欧（ALFA ROMEO）汽车公司是意大利高级轿车、跑车和赛车的制造商，建于1910年。从1946年起使用阿尔法·罗密欧的名称，公司总部设在意大利米兰市。该公司一开始就专门生产运动车和赛车，这些车是由意大利著名设计师设计的，有浓烈的意大利风采，其优雅的造型和超群的性能，在世界车坛上一直享有很高的声誉。现虽为菲亚特的子公司，但仍保留它的商标。

1910年，一些米兰商人买下了米兰附近日益衰落的法国达拉克汽车公司的装配厂，开始生产普通轿车。公司当时的名字叫伦巴第（Anonima Lombarbo Automobili，ALFA）。第一次世界大战中，工程师尼古拉·罗密欧买下了该公司，用于生产军火。战后改为阿尔法·罗密欧汽车公司，生产高级跑车和赛车。1923年，阿尔法·罗密欧汽车公司起用著名汽车专家亚诺，设计生产了一系列优秀赛车，为公司在赛车界赢得声誉。但1929年的世界经济大萧条使阿尔法·罗密欧汽车公司破产，1931年，国有的意大利工业复兴公司收购了它。第二次世界大战后，公司仍生产一些高级赛车（包括F1赛车），但重点放在了大批量生产的高级轿车和跑车上。进入20世纪80年代后，阿尔法·罗密欧汽车公司经营日益困难，产量下降，收入不稳定，劳资纠纷不断。为了摆脱困难，1987年，意大利政府决定将其私有化，菲亚特汽车公司收购了它。阿尔法·罗密欧汽车公司并入菲亚特汽车公司之后，提高了技术水平，获得了较大的发展。

1911年，阿尔法·罗密欧汽车公司采用了将"ALFA ROMEO"置于米兰市的圆形市徽（原是维斯康泰家族的徽章）外圈上半部的商标（见图4-53）。采用该商标，是为了纪念米兰市的创始人维斯康泰公爵及其家族。商标中的十字部分来源于十字军从米兰向外远征的故事。右部分原来是米兰大公的徽章，后来正式成为维斯康泰公爵家徽的一部分，它是一条蛇正在吞食撒拉逊人的图案。关于该图案有许多传说，其中之一是它象征维斯康泰公爵的祖先曾击退了使该城人们受难的"恶龙"。

阿尔法·罗密欧——维斯康泰公爵的家徽。

图4-53　阿尔法·罗密欧汽车商标

（三）法拉利汽车公司、名车和商标

法拉利汽车公司是世界闻名的赛车和运动跑车的生产厂家，创建于 1929 年（最早是赛车俱乐部，即法拉利车队的前身），创始人是世界赛车冠军、划时代的汽车设计大师恩佐·法拉利。菲亚特公司拥有该公司 50%股权，但该公司却能独立于菲亚特公司运营。法拉利汽车大部分采用手工制造，因而产量很低，年产量只有 4 000 辆左右。公司总部在意大利的摩德纳。

图 4-54 为 1947 年生产的法拉利 Tipo125 赛车，这是最早的法拉利赛车。近年来，法拉利汽车公司生产的主要跑车有 F355、F50、F512M、F456GT、F612 等。2000—2004 年，法拉利汽车公司生产了 F2000、F2001、F2002、F2003 GA 和 F2004 F1 赛车。F2000～F2004GA 均是 2002—2004 年夺冠的 F1 赛车。

图 4-54　法拉利第一辆赛车 Tipo125

法拉利——跃马。

知识链接

小故事

法拉利跃马商标（见图 4-55）的来历

法拉利汽车公司及其汽车商标为一匹跃马。在第一次世界大战中，有一位叫康蒂斯·柏丽查的伯爵夫人，她的儿子弗朗西斯科·巴拉克是一位战斗机驾驶员，他以跃马作为自己的护身符，将跃马图案画在飞机上。柏丽查夫人是一个观车迷，在 1923 年的一次车赛中，柏丽查夫人对法拉利说：将跃马图案印到你的车子上，它会给你带来好运的。法拉利欣然同意，就这样跃马成了法拉利赛车上的吉祥物，从此好运频来。后来，那

图 4-55　法拉利汽车商标

位飞行员战死，法拉利创建他的公司时，决定以跃马为商标，将马变成了黑色，并以公司所在地摩德纳金丝雀的金黄色作为底色。

（四）兰博基尼汽车公司、名车和商标

兰博基尼汽车公司原是意大利超级跑车制造商，创始人是弗鲁西欧·兰博基尼（Ferruccio Lamborghini），总部设在跑车之都摩德纳附近的圣·亚加塔（Sant Agata）。

1987 年，兰博基尼汽车公司与美国克莱斯勒汽车公司合并。1993 年年底，克莱斯勒汽车公司又将兰博基尼汽车公司卖给了印度尼西亚的梅佳-泰克财团。1998 年，兰博基尼汽车公司又被奥迪汽车公司收购。

兰博基尼汽车公司的标志是一头蛮劲十足的斗牛，正准备向对手发动猛烈的攻击（见图 4-56）。据说公司创始人兰博基尼就有这种不甘示弱的牛脾气，也体现了兰博基尼汽车公司产品的特点，因为公司生产的汽车都是大功率、高速的运动型轿车。

兰博基尼——公牛蓄势待发。

图 4-56　兰博基尼汽车商标

六、日本的著名汽车公司及其商标

（一）丰田汽车公司、名车和商标

丰田汽车公司是世界十大汽车工业公司之一，作为日本最大的汽车公司，创立于 1933 年，其前身是 1933 年在丰田自动织布机制作所设立的汽车部，丰田汽车公司的创始人丰田喜一郎，是发展日本汽车工业的功臣，日本人称他是"日本的大批量汽车生产之父"，他创造了后来风靡全球的"丰田生产方式"。1937 年 8 月 28 日，正式成立丰田汽车工业公司。1982 年 7 月 1 日，丰田汽车工业公司和丰田汽车销售公司合并为丰田汽车公司，总部设在丰田市。丰田汽车公司主要生产皇冠（Crown）、花冠（Corolla）、陆地巡洋舰（Land Cruiser）、威驰（Vios）、雷克萨斯（Lexus）等型轿车。

1. 丰田汽车公司商标

日语"丰田"在英语中被拼写为"TOYOTA"。丰田汽车公司的商标由三个椭圆形的环组成，中间的两个椭圆形环一横一竖，垂直重合，构成了一个"T"字，即"TOYOTA"的第一个字母。外边的一个椭圆代表地球，而由两个椭圆组成的"T"字最大限度地占据了外

面椭圆的空间，寓意着丰田汽车公司要把自己的技术、产品推向全世界，也象征着丰田汽车立足未来，对未来的信心和雄心，还象征着丰田汽车置身于顾客，对顾客的保证。丰田汽车商标如图 4-57 所示。

丰田——三个椭圆。

2. 皇冠商标

皇冠（Crown）是丰田汽车公司生产的一款外形美观、线条流畅、性能优越的中级轿车，该型车于 1955 年 1 月开始销售，畅销世界各地。皇冠是丰田汽车公司的代表车型之一，被称为丰田汽车公司的旗舰。皇冠轿车的商标是一顶象征王位的皇冠，它象征着该型车是日本国产车的王者，如图 4-58 所示。

皇冠——王位的象征。

3. 雷克萨斯商标

丰田汽车雷克萨斯（Lexus）部是 1989 年丰田汽车公司专门为国外销售豪华轿车成立的一个分部。雷克萨斯车名是丰田花费 3.5 万美元请美国一家起名公司命名的，因为雷克萨斯（Lexus）的读音与英文豪华（Luxe）一词相近，使人联想到该车是豪华轿车的印象。

雷克萨斯轿车商标采用车名 Lexus 第一个字母 L 的大写，L 的外面用一个椭圆包围着，椭圆代表地球，如图 4-59 所示。

雷克萨斯——遍布全球的丰田豪华轿车。

图 4-57 丰田汽车商标　　　　图 4-58 皇冠汽车商标　　　　图 4-59 雷克萨斯汽车商标

（二）日产汽车公司、名车和商标

日产（NISSAN）汽车公司是在 1933 年 12 月 26 日由日本产业公司与户田铸造公司联合成立的汽车制造公司，当年就开始生产汽车，1934 年正式更名为日产汽车公司，总部设在东京，它是日本的第二大汽车生产厂家。

日产汽车公司生产公爵王（Cedric）、蓝鸟（Bluebird）等型轿车。

日产的商标是将 NISSAN（日产）放在太阳（日本国旗图案）上，对公司名称和所在国家给予突出。

日产——东方旭日。

（三）本田汽车公司、名车和商标

本田汽车公司全称为本田技研工业股份有限公司，其前身是本田技术研究所，建于 1984 年 9 月，创始人是传奇式人物本田宗一郎，以其姓氏对公司命名。目前主要生产雅阁（Accord）、思域（Civic）等型轿车，还是世界上摩托车生产公司之一。

本田汽车公司在 20 世纪 80 年代成立了商标设计研究组，从来自世界各地的 2500 多件设计图稿中，确定了现在的三弦音箱式商标，也就是带框的"H"，如图 4-60 所示。图案中的 H 是"本田"拼音 HONDA 的第一个字母。这个标志体现出技术创新、职工完美和经营坚实的特点，同时还有紧张感和可以放松一下的轻松感。

图 4-60　本田汽车商标

本田——字母 H。

（四）马自达汽车公司、名车和商标

马自达原是日本公司，1920 年建立，创立之初称为东洋软木工业株式会社。创建人是松田重次郎，MAZDA 为松田的拼音。1931 年正式开始在广岛生产小型货车，20 世纪 60 年代初正式生产轿车，曾是日本产量最大的汽车公司。1979 年，福特购买了马自达汽车公司 25%的股份，1996 年将拥有的股份扩大至 33.4%，控股马自达。

1982 年，公司正式更名为马自达汽车公司，主要生产马自达（Mazda）929、马自达 323、马自达 M6 等型轿车。马自达汽车公司是至今还坚持生产并应用转子发动机轿车的公司。

最初马自达汽车标志图案中的"m"就是松田拼音的第一个字母，采用英文拼音"mazda"为其标志。自马自达与福特合作之后采用了新的标志，崭新的设计图案意味着马自达要展翅高飞（见图 4-61），不断进行技术突破，以无穷的创意和真诚的服务勇闯车坛顶峰，迈向新世纪。

马自达——飞鹰。

（五）五十铃汽车公司、名车和商标

五十铃（Isuzu）汽车公司的前身是于 1916 年在东京都品川区成立的东京石川岛造船所。1922 年，涉泽正雄任东京石川岛造船所的董事，负责该所新建立的汽车部门的工作，他招进了三宫吾郎到汽车部门任职。从此，三宫吾郎将毕生精力都投入到了日本汽车工业，为五十铃汽车公司的诞生建立了不可磨灭的功勋。

1929 年，汽车部门从造船所独立出来，成立了株式会社石川岛汽车制作所，三宫吾郎任总务课长。

1933 年 3 月，石川岛汽车制作所与达特汽车制造公司合并，成立汽车工业公司。

1937 年 11 月，汽车工业公司又与东京煤气电力工业汽车部等合并为东京汽车工业公司，三宫吾郎任总务部副部长。1941 年，公司改称柴油机汽车工业公司，三宫吾郎任经理部长、常务董事，后来任经理。

1949 年 7 月 1 日，公司更名为五十铃汽车公司，来源于日本伊势的五十铃河，主要生产重型载货汽车、轻型载货汽车，也生产双子星座（Gemini）、脉冲（Impulse）、骑兵

（Trooper）、御马（Florion）等轿车。

五十铃商标如图 4-62 所示。

五十铃——双柱。

图 4-61　马自达汽车商标

图 4-62　五十铃汽车商标

（六）三菱汽车公司、名车和商标

三菱（MITSUBISHI）汽车公司的前身是岩奇弥太郎 1870 年创建的九十九商会，1873 年将九十九商会改为三菱商会。1970 年，三菱汽车公司从三菱集团中独立出来，该公司生产快乐（Debonair）、蓝瑟骑兵（Lancer）、帕杰罗（Pajero）等轿车和轻型越野汽车。

在九十九商会改称为三菱商会时，开始使用三菱商标，1917 年商标注册。红色的三菱商标体现公司的三个原则：承担对社会的共同责任；诚实与公平；通过贸易促进国际谅解与协作。

三菱商标如图 4-63 所示。

三菱——三枚菱形钻石。

（七）大发工业公司、名车和商标

1907 年，大发（DAIHATSU）发动机制造公司在日本池田大发町成立，1951 年，改为大发工业公司，是以生产微型汽车为主的多种经营企业，主要生产夏来多（Charade）、阿普劳斯（Applaust）、罗奇（Rocky）、米拉（Mira）等轿车。

大发商标是图案化了的字母 D，是大发拼音 DAIHATSU 的第一个字母，如图 4-64 所示。根据公司资料的解释是表现出"永葆青春"的大发公司。

大发——永葆青春。

图 4-63　三菱汽车商标

图 4-64　大发汽车商标

知识链接

汽车译名的方法

汽车译名的翻译标准是信（忠实原文）、达（通顺、畅达）、雅（有文化韵味和美感）。汽车译名方法有意译、音译、音意译结合三种方法。

1. 意译

汽车以意译命名的如皇冠、花冠等。

2. 音译

汽车以音译命名的如菲亚特、桑塔纳、索纳塔等。

3. 音意译结合

汽车以音意译结合命名的如奔驰、捷达等。

七、韩国的著名汽车公司及其商标

（一）现代汽车公司、名车和商标

现代汽车公司（HYUNDAI）建于 1967 年 12 月，创始人是郑周永，总部位于首尔。建厂初期只是组装美国福特汽车公司的轿车，到 1974 年才开始生产自己的轿车。现代汽车公司主要生产雅绅特（Accent）、兰特拉（Lantra）、索纳塔（Sonata）、伊兰特（Elantra）等轿车。

现代商标为现代汽车公司英文拼音 HYUNDAI 的第一个字母 H，与日本本田商标区别在于它用的 H 为斜花体，且 H 外边用椭圆包围着，象征现代汽车遍及全球。

现代商标如图 4-65 所示。

现代——现代汽车遍及全球。

（二）大宇汽车公司、名车和商标

1967 年，金宇中创建大宇（DAEWOO）汽车公司，位于仁川市，是韩国第二大汽车公司，主要生产超级沙龙（Super Salon）、希望（Espero）、蓝龙（Lanos）等轿车。

大宇汽车公司采用形似地球和花朵的商标（见图 4-66）。大宇商标像高速公路"大动脉"一样向未来无限延伸，表示大宇的未来和发展的意志；椭圆形代表世界，向上展开的花朵形态，体现了大宇家族的创造力和挑战精神。

大宇——形为蝴蝶的商标。

图 4-65 现代汽车商标

图 4-66 大宇汽车商标

八、其他国家的著名汽车公司及其商标

（一）瑞典汽车公司、名车和商标

1. 绅宝汽车公司、名车和商标

绅宝（SAAB）也音译为"萨伯"。绅宝汽车公司脱胎于飞机制造企业，于 20 世纪 40 年代中期建厂。绅宝（最初全称为 Svenska Aeroplan Aktiebolaget，即瑞典飞机公司）原是一家军用飞机制造公司。1968 年，瑞典飞机有限公司合并了只生产载货汽车的斯坎尼亚（SCANIA）公司，成为一家生产轿车、货车、飞机、计算机等产品的综合型集团公司。1991年与美国通用汽车公司合资，主要生产绅宝 900i、绅宝 9-5 等轿车，如图 4-67 所示。

绅宝商标是在一个圆内的一头戴皇冠的狮子头像下方有 SAAB 字样，如图 4-68 所示。由于瑞典是一个帝王国家，皇冠象征着尊严与权威和至高无上，是欧洲人崇尚的权力与力量的象征。商标喻示着绅宝汽车的高贵和显耀。

绅宝——戴皇冠的狮子头像。

图 4-67 绅宝第一辆走向世界市场的 SAAB93

图 4-68 绅宝汽车商标

2. 沃尔沃汽车公司、名车和商标

沃尔沃（富豪）汽车公司是北欧最大的汽车企业，也是瑞典最大的工业企业集团，世界20 大汽车公司之一，创立于 1924 年，创始人是古斯塔夫·拉尔松和阿萨尔·加布里尔松。

1999 年 1 月，福特汽车公司收购了沃尔沃汽车公司的轿车部。

沃尔沃（VOLVO）在拉丁文里是"滚滚向前"的意思，该公司自创立之日起，便开始朝着两位创始人共同设计的蓝图"滚滚向前"。它的商标就是圆圈加上指向右上方的箭头。

寓意着沃尔沃汽车的车轮滚滚向前，公司兴旺发达、前途无量。沃尔沃汽车的散热器罩上还有一根传统的斜线，"支撑"着矩形的散热器罩，似乎在告诉人们，它的安全毋庸置疑。

沃尔沃商标如图 4-69 所示。

沃尔沃——车轮滚滚。

（二）捷克汽车公司、名车和商标

1. 斯柯达汽车制造厂、名车和商标

斯柯达汽车公司总部位于捷克首都布拉格北部的一个美丽的小镇布拉斯拉夫（中文意为年轻的城市），现在是捷克名副其实的汽车城。

斯柯达（SKODA）汽车制造厂建于 1894 年，当时是由商人克莱蒙特和机械师劳林合办的一家自行车厂。1905 年，制造出第一辆汽车。1925 年，该厂与皮尔森的斯柯达工厂合并，更名为斯柯达汽车厂。1945 年，该厂被收归国有。

斯柯达汽车曾是欧洲知名度相当高的汽车，尤其是柴油机载货汽车和客车深受用户欢迎。斯柯达汽车厂主要生产斯柯达（SKODA）130GL、斯柯达·弗雷西亚（Firacia）等型轿车。

斯柯达汽车公司的标志：在银色底子上，是一支绿色带翅膀的箭，四周环绕着黑色缎带，缎带底部装饰着象征优胜和荣誉的月桂树叶。巨大的圆环象征着斯柯达为全世界无可挑剔的产品；鸟翼象征着技术进步的产品行销全世界；向右飞行着的箭头，则象征着先进的工艺和该公司无限的创造性；外环中朱黑的颜色象征着斯柯达公司百余年的传统；中央铺着的绿色，则表达了斯柯达人对资源再生和环境保护的重视。斯柯达商标如图 4-70 所示。

斯柯达——长翅膀的飞箭。

2. 太脱拉汽车制造厂、名车和商标

太脱拉（TATRA）汽车制造厂创建于 1897 年，太脱拉重型载货汽车在构造上有许多独到之处，如发动机冷却方式为风冷式、组合式曲轴、中央脊骨梁式车架等，目前主要生产载货汽车和轿车。

太脱拉汽车制造厂和汽车名称是以捷克最高的山，即海拔 2 633m 的太脱拉山命名的。太脱拉商标为太脱拉的英文字母"TATRA"外边用圆圈包围着的图案。

太脱拉商标如图 4-71 所示。

太脱拉——高山。

图 4-69　沃尔沃汽车商标　　　　图 4-70　斯柯达汽车商标　　　　图 4-71　太脱拉汽车商标

知识链接

浓缩世界文化的车名

汽车命名题材包罗万象，人物、山河、动物、历史、地位、花卉、神话等应有尽有。

1. 以人物命名

一些汽车公司以创始人的名字命名。历经沧桑的汽车名人造出了名车，名人名车交相辉映。汽车以公司创始人命名的有雪佛兰、劳斯莱斯、标致、雪铁龙、保时捷、法拉利、本田等。梅赛德斯、凯迪拉克、林肯等人的名字也为汽车带来了辉煌。

2. 以山河命名

锦绣山河为人们所陶醉，名山名河自然是汽车命名的对象，如桑塔纳、太脱拉、伏尔加、黄河、松花江等。

3. 以动物命名

动物充满活力，动物象征时空。汽车如同飞禽走兽，以动物为汽车命名给汽车增加灵动性，野马、眼镜蛇、蝰蛇、美洲虎、美洲狮、雄狮、麋鹿、羚羊、凤凰、天鹰、火鸟、云雀等与大自然共舞。

4. 以历史背景命名

历史记载着时代特征，解放、红旗、跃进、东风都是具有历史背景的汽车品牌。

5. 以地位命名

以地位为汽车命名自然抬高了汽车身价，总统、君王、公爵王、皇冠、贵夫人都成就了汽车的品位。

6. 以花卉命名

汽车奔驰在全球，鲜花美化着世界。花冠、丰田之花、紫罗兰、樱花、玫瑰、茶花、晶花、莲花等奇花争艳。

7. 以神话命名

神有神力，汽车以神话命名自然也就神气起来。马自达是古希腊神话中的光明之神，泰坦是大力神，默寇利是罗马神话中主管商业和道路之神。

课题二 中国著名汽车公司及商标

❖ 学习目标

1. 了解中国汽车品牌；
2. 掌握中国主要汽车品牌及商标含义。

❖ 知识结构

课题二	中国的主要汽车品牌历史
	中国的主要汽车商标含义

问题导入

你了解多少中国的汽车公司和中国的汽车品牌的情况？

基本内容

自中国开始出现汽车，经过近一个世纪的发展，汽车工业已经成为中国的第一战略性产业，中国汽车业的现代化代表了中国工业的现代化。

作为起步较晚的中国汽车业来说，中国现在已形成了一汽集团、东风集团、上汽集团和重庆长安汽车集团这四大汽车集团。

一汽集团包括一汽、一汽轿车、一汽大众、一汽红旗、一汽华利、一汽天津夏利、成都一汽和一汽山东汽改等企业。

东风集团包括东风、神龙、本田和东风悦达起亚等企业。

上汽集团包括上海大众、上海通用、上海通用五菱、上海奇瑞、上海申沃、上海汇众、上海仪征和上海通用东岳等企业。

重庆长安汽车集团包括河北长安、南京长安、重庆长安铃木、长安福特马自达、江铃控股公司等企业。

一、第一汽车集团和商标

1956 年 7 月 15 日，第一批载货汽车下线，毛主席将其命名为"解放"，还亲自书写了"解放"两字（见图 4-72）。"解放"有双重意义：一是中国人民的解放；二是中国汽车工业的解放。

一汽载货汽车在车头上标有"FAW"字样，是英文第一汽车制造厂的缩写，也有的一汽载货汽车在车头上标有"JIEFANG"。

一汽生产的最初的红旗轿车商标是三面红旗，后改为一面红旗，即毛泽东思想的伟大旗帜。1982 年 12 月 20 日，解放汽车工业联营公司在长春市召开成立大会，后来发展为第一汽车集团。

1990 年 11 月，第一汽车制造厂和德国大众汽车公司年产 15 万辆轿车合资项目在北京签字。

1991 年 2 月 8 日，一汽大众汽车有限公司在长春成立，目前主要生产奥迪（Audi）A6、捷达都市先锋（Jetta AT）、高尔夫（Golf）、宝来（Bora）1.8T 等型轿车。引进生产的车型采用德国大众的商标。

"红旗"是中国轿车品牌的第一"金"。老红旗轿车是 1958 年问世的，红旗轿车在中国备受尊崇（见图 4-73）。红旗是我国领导人的主要用车。红旗轿车是中华人民共和国几度国庆大典的检阅车。一汽为中国三代领导人研制的三代红旗检阅车，体现了我国不同历史时期的汽车发展水平。红旗轿车在盛大国庆庆典和阅兵式中出现，红旗轿车又是接待外宾的礼仪用车，许多外国首脑访华时都乘坐红旗轿车。

图 4-72 "解放"两字的手写体

图 4-73 第一辆防弹"大红旗"轿车

红旗轿车在改革开放以后，已由政治品牌转化为商用品牌，由领导人用车进入寻常百姓家。2000 年 9 月 22 日，红旗世纪星批量投产。它的诞生，标志着红旗品牌正以全新的理念、全新的模式、全新的成果跨越时空进入与国际接轨的发展阶段。红旗世纪星轿车充分采用国际现代轿车技术，具有较高的科技含量。红旗世纪星轿车的问世，带动了整个红旗轿车平台的升级。

第一汽车制造厂的商标见[图 4-74（a）]是由阿拉伯数字"1"和汉字"汽"两个字艺术化的组合，构成一只展翅飞翔的雄鹰，商标既表示不断进取、展翅高飞的中国一汽精神，又表示中国汽车工业冲出国门、走向世界的决心。

"1"字商标是新增加采用的图形标志[见图 4-74（b）]，以椭圆形为基本型，代表全球和天穹，以"1"字为视觉中心，代表第一的特征。

一汽——展翅飞翔的雄鹰。

（a）第一汽车制造厂的商标

（b）新的第一汽车制造厂的商标

图 4-74 一汽商标

二、东风汽车集团和商标

东风汽车公司的前身是第二汽车制造厂（简称"二汽"）。其汽车商标（见图 4-75）以艺

图 4-75　东风商标

术变形手法，取燕子凌空飞翔时的剪形尾羽作为图案基础，含义是双燕舞东风，使人自然联想到东风送暖、春光明媚、神州大地生机盎然的景象，给人以启迪，给人以力量。

目前，东风汽车集团仍采用该商标，有些东风载货汽车车头上标有"DONG FENG"或"DFAC"字样。

东风——双燕舞东风。

1992 年 9 月 1 日，经国务院生产办公室批准，第二汽车制造厂更名为东风汽车公司，东风汽车工业企业联营公司（二汽集团）同时更名为东风汽车集团。生产的主要产品有：东风重、中、轻型载货汽车和底盘；客车和底盘；富康、赛纳（Xsara）、萨拉·毕加索（Xsara Picasso）、爱丽舍（Elysee）、蓝鸟（Bluebird）、阳光（Sunny）、千里马、标致（Peugeot）307等轿车。引进生产的车型分别采用雪铁龙、日产、起亚（KIA）、标致的商标。

想一想

目前东风汽车集团主要生产哪些轿车（引进车型包括中文和外文名称）？

三、上海汽车集团和商标

20 世纪 70 年代末，上海就决定从国外引进先进的汽车制造技术，为选择合适的伙伴历时 6 年，历经 60 多次的艰辛谈判，决定引进德国的大众汽车技术，生产桑塔纳牌轿车。

1985 年 3 月 21 日，中国与德国合营的上海大众汽车有限公司正式成立。1995 年 9 月 1 日，上海汽车工业（集团）总公司和上海汽车有限公司成立，后来，更名为上海汽车集团。生产的主要产品有：桑塔纳（Santana）2000、桑塔纳 3000、帕萨特（Passat）1.8T、波罗（Polo）、别克（Buick）GL8、别克君威（Buick Regal）GS、赛欧（Sail）SRV、别克赛欧（Buick Sail）、奇瑞等轿车；大、中、轻型客车和底盘；五菱微型汽车；大通重型载货汽车等。引进生产的轿车分别采用德国大众、通用别克的商标，如图 4-76 所示为上海汽车集团生产汽车的商标。

上海别克

图 4-76　上汽生产汽车的商标

想一想

目前上海汽车集团主要生产哪些轿车（引进车型包括中文和外文名称）？

四、重庆长安汽车集团

长安汽车已自主开发出性能卓越的一系列自主品牌轿车。从 1980 年进军汽车领域，长安汽车不断推出引领市场潮流的产品。商用车领域，长安之星、长安之星二代、S460 等经典车型奠定了长安品牌在该领域的领导地位；而奔奔、悦翔等明星轿车产品则为长安乘用车品牌跻身国内主流乘用车行列打下了坚实的基础。长期积累下的产品品牌的良好口碑，是今日长安得以位列国内汽车第一阵营的基石，也为今日全新品牌战略的发布做好了准备。

2010 年 10 月 31 日，在北京的水立方，长安汽车四大全新品牌新标志、企业品牌标志、主流乘用车品牌标志、商用车品牌标志以及公益品牌标志同时亮相，如图 4-77 所示。全新品牌战略的正式发布，标志着长安汽车从产品竞争向品牌竞争的提升，标志长安汽车品牌战略国际化的开始。

图 4-77 长安汽车新品牌标志

长安汽车全新发布的企业品牌标志由中文"长安汽车"和长安的汉语拼音"CHANGAN"两部分构成，使之更具有国际化和便于记忆等特点。新标志旨在体现长安汽车全面推进全球化发展战略的发展愿景，以及进军国际市场的实力和信心。主流乘用车标志，以"V"为核心表达要求，有极速、胜利、价值之意，寓意长安汽车致力于打造世界一流汽车企业，为消费者提供新科技、高品质、时尚的汽车产品，为股东创造价值。

五、中国其他重要汽车厂商

（一）奇瑞汽车有限公司

奇瑞汽车有限公司成立于 1997 年，前身是安徽汽车零部件公司，它是由安徽省及芜湖市五个投资公司共同投资兴建的国有大型股份制企业，坐落在水陆空交通条件非常便利的国家级开发区——芜湖经济技术开发区。2004 年 4 月 15 日，奇瑞第 20 万辆轿车下线，预示着这个汽车业的新锐成长为中国自主品牌的支柱企业，成为中国主流轿车企业之一。

奇瑞公司主要产品有风云、旗云、QQ、东方之子、瑞虎等汽车品牌。

奇瑞商标（见图 4-78）。标志的整体是英文字母 CAC 的一种艺术化变形；CAC 即英文

CHERY AUTOMOBILE CORPORATION LIMITED 的缩写，中文意思是奇瑞汽车有限公司；标志中间 A 为一变体的"人"字，预示着公司以人为本的经营理念；徽标两边的 C 字向上环绕，如同人的两个臂膀，象征着一种团结和力量，环绕成地球形的椭圆状；中间的 A 在椭圆上方的断开处向上延伸，寓意奇瑞公司发展无穷，潜力无限，追求无限；整个标志又是 W 和 H 两个字母的交叉变形设计，为"芜湖"一词的汉语拼音的声母，表示公司的生产制造地在芜湖市。

图 4-78　奇瑞商标

（二）华晨中国汽车控股有限公司

华晨中国汽车控股有限公司是中国第一家海外上市公司。1992 年 10 月，华晨中国汽车在美国纽约股票交易所挂牌上市。1999 年 10 月，公司在香港上市。从汽车产业的投资者到这一传统行业的经营管理者，历经 10 多年的发展，华晨中国汽车控股有限公司已经成为中国新兴的汽车制造企业。

华晨公司旗下拥有两个整车品牌、三大整车产品。两个整车品牌即生产的"中华"和"金杯"系列；三大整车产品包括拥有自主品牌的中华轿车、金杯海狮轻型客车、引进丰田高端技术生产的金杯阁瑞斯多功能商务车。

2003 年 3 月 27 日，华晨中国汽车控股有限公司与宝马集团组建一个生产和销售宝马汽车的合资公司。

"中华"商标如图 4-79 所示。其中"中"字外加圆环，象征中华牌轿车跻身于世界级轿车之列。

"金杯"商标如图 4-80 所示，是一块镶嵌奖杯的盾牌，象征着实力和成就。

图 4-79　中华商标

图 4-80　金杯商标

（三）吉利控股集团

吉利控股集团（简称吉利）是中国最早也是最大的民营汽车生产企业，创建于 1986 年 11 月 6 日，其前身是位于浙江省台州市路桥区的黄岩县制冷元件厂，创始人是李书福。

吉利商标（见图 4-81）的含义：走向太阳才能吸取无穷的热量，经过竞争的洗礼才能百炼成钢，弘扬民族精神才能征服世界，超越不止才能拥有无限空间，不舍不弃造老百姓买得

起的好车，真情愿望快乐人生，吉利相伴。

图 4-81　吉利商标

想一想

中国第一品牌轿车叫什么？其车标用于什么汽车？

中国第一家民营汽车企业叫什么？其车标有何含义？

技能训练

【技能训练目标】通过相关知识的文件检索、讲演，训练学生对汽车商标的识别鉴赏能力。

【技能训练准备】学生以课外小组的形式利用网络资源搜集并整理汽车品牌信息。

【技能训练步骤】教师在课前预留小组作业，布置学生搜集相关图片和信息。在课上分小组由代表展示小组作品。教师给予点评。

【技能训练注意事项】小组分工明确。

【技能训练活动建议】活动在多媒体教室进行，分小组展示图片信息、组内交流。

单元小结

1. 通用汽车公司是世界上最大的汽车公司，年工业总产值达 1 000 多亿美元。它是由威廉·杜兰特于1908 年 9 月在别克汽车公司的基础上发展起来的，成立于美国的汽车城底特律市，现总部仍设在底特律市。

2. 戴姆勒-奔驰汽车公司是世界上老资格的汽车生产厂家之一，以生产高质量、高性能的豪华汽车闻名于世。其前身是戴姆勒汽车公司和奔驰汽车公司，创始人分别是卡尔·本茨和哥特里布·戴姆勒。

3. 大众汽车公司是世界十大汽车公司之一，创建于 1938 年德国的狼堡，创始人是世界著名的汽车设计大师费迪南德·波尔舍。1938 年，大众汽车新厂在沃尔斯堡奠基，由波尔舍主持建设，并于 1939 年建成。

4. 奥迪汽车公司现为大众汽车公司的子公司，总部设在德国的因戈尔施塔特，创始人是奥古斯特·霍希。

5. 宝马汽车公司是驰名世界的汽车企业，也被认为是高档汽车生产业的先导。它和奔驰汽车公司一样，不追求汽车产量的扩大，只追求生产高品质、高性能和高级别的汽车。"坐奔驰，开宝马"的说法，表明了奔驰的稳重和宝马的豪放。只有开宝马，才能享受到它那痛快淋漓的神奇风采。

6. 自德国人发明汽车后，法国汽车工业的先驱者们迅速地制造汽车，完善汽车结构，创建汽车公司。1890 年，法国人勒内·本哈特、埃米尔·拉瓦索和阿尔芒·标致制造了法国第一辆汽车，开创了法国汽车工业的先河。1896 年标致创建的标致汽车公司和 1898 年雷诺三兄弟创建的雷诺汽车公司，是继奔驰汽车公司、戴姆勒汽车公司之后世界较早创建的汽车公司。

7. 丰田汽车公司是世界十大汽车工业公司之一，作为日本最大的汽车公司，创立于 1933 年，其前身是 1933 年在丰田自动织布机制作所设立的汽车部，丰田汽车公司的创始人丰田喜一郎，是发展日本汽车工业的功臣，日本人称他是"日本的大批量汽车生产之父"，他创造了后来风靡全球的"丰田生产方式"。

8. 自中国开始出现汽车。经过近一个世纪的发展，目前，汽车工业已经是中国的第一战略性产业，中国汽车业的现代化就是中国工业的现代化。

思考与练习

一、根据所学内容填写以下表格：

国家名称	主要汽车公司
美国	
德国	
法国	
英国	
意大利	
日本	
韩国	
中国	

二、由下面商标判断汽车品牌，并说明汽车商标的含义。

第五单元　汽车经典与汽车时尚

课题一　经典名车

❖ 学习目标

了解世界上的各类经典老爷车、时尚跑车和现代名车。

❖ 知识结构

课题一	经典古董老爷车
	经典跑车、现代乘用车

📢 问题导入

拥有名车是不少人梦寐以求的事情，而有些人对古董老爷车更是情有独钟。古董老爷车展出时更会引起不小的轰动，如图 5-1 所示就是其中一款车型，你能说出它是哪款车吗？

图 5-1　古董老爷车

🔧 基本内容

一、经典名车

"老爷车"一词最早出现在 1973 年英国出版的一本《名流车与老爷车》杂志上，尽管它的直译应该是"经典的古老汽车"，但由于"老爷车"这个词强烈的拟人色彩，此名称很快得到了各国汽车界人士的认可，并迅速蔓延，成为世界各地爱好者对老式汽车的统一称谓。

老爷车是一种怀旧的产物，通常泛指人们早期使用过的，现在"作为历史文物"供人们欣赏、鉴赏乃至收藏的汽车。并不是每一辆旧汽车都有资格成为老爷车，保养完好是重要的先决条件。

根据国际汽联老爷车委员会的有关规定，1976 年以前由各国汽车厂生产的各种品牌的古董车和老式汽车称为老爷车。业界通常将老爷车分为三期：古老车（1925 年之前），老爷车（1926—1941 年），战后经典（1945 年以后）。

1. 奔驰 Velo——1894

奔驰 Velo 如图 5-2 所示是在 1894—1899 年研制的，它是第一款大批量生产的安装有发动机的车型。在 1894—1897 年他们至少生产了 381 个零部件。当时，带有车身面积一半大可拆卸顶篷的车型价格为 2200 金马克。它的金属长柄变速挡把一直是此后 30 年汽车的标准件。

图 5-2　奔驰 Velo

2. 劳斯莱斯（Rolls Royce）Bicylinder——1904

1904 年，英国工匠罗伊斯（Royce）制造了这辆劳斯莱斯（Rolls Royce）Bicylinder 轿车（见图 5-3）。它有两个汽缸，排量为 1 809mL，功率 7.5kW，最高时速可达到 60km。这辆车平稳的行驶性能及精良的制作工艺引起了贵族罗尔斯（Rolls）的极大兴趣，当即二人合作建立了工厂，即劳斯·莱斯汽车公司，之后两人联手缔造了劳斯莱斯这一经典品牌。

图 5-3　劳斯莱斯（Rolls Royce）Bicylinder

3. 福特 T 型车——1914

1908 年 10 月 1 日，福特 T 型车驶入历史（见图 5-4），亨利·福特称其为"世界之车"，它具有四缸汽油发动机，最大功率 20 马力，最高时速 72km/h。这款车结构简单，驾驶方便，可靠耐用，其底盘简洁、强劲、重量轻，拥有独特的三点式悬架系统，使车架及动力系统免受路途颠簸。最主要的是价格低廉，最初的售价只有 825 美元，相当于同类车型的 1/3。

T 型车引进的移动式组装线，流水线生产大大提高了生产效率，它成了低成本的可靠交通工具的象征，使美国的普通家庭开始率先进入汽车时代。T 型车赢得了百万美国人的认可，他们赋予其 Tin Lizzie 的爱称，并给福特公司带来了 19 年的繁荣。

图 5-4　福特 T 型车

图 5-5　雪佛兰汽车

4. 雪佛兰汽车——1927

1927 年通用汽车公司推出了经专门设计的雪佛兰汽车（见图 5-5），此款汽车注意到了人们对汽车造型和色彩的追求，在汽车水箱通风罩栏上增加了豪华的装饰件，而且色彩也趋于多样化，从而赢得了汽车消费者的欢迎。它使得垄断了汽车市场近 20 年的福特 T 型车被击败，通用汽车公司也从此夺取了福特公司作为汽车霸主的地位。1927 年的雪佛兰汽车是通用汽车公司具有划时代意义的车型，为通用公司的崛起画上了历史性的一笔。

想一想

雪佛兰汽车为什么能够击败福特 T 型车成为汽车业新霸主？

知识链接

小故事

路易斯·雪佛兰——音乐般动听的品牌

1878 年圣诞节，一个男孩出生在瑞士小镇 La Chaux-de-Fonds。父母给他取名叫路易斯·雪佛兰（Louis Chevrolet）。1887 年雪佛兰一家搬到法国的 Beaune 居住。身为钟表匠的父亲约瑟夫使路易斯立志长大后成为一名机械师。

在 Beaune 生活的日子里，路易斯还培养起了一个爱好——赛车。1899 年年初，路易斯·雪佛兰和他的"角斗士"牌自行车来到了巴黎。不久，路易斯就找到了一份汽车制造厂的工作。在那里，路易斯学到了很多东西，并全面地掌握了内燃机的知识和技术。从此，路易斯对汽车的热爱一发不可收拾。

后来，路易斯用在巴黎挣到的钱作为自己游历北美大陆的经费。1900 年，路易斯远渡重洋来到美国，于当年开始驾车参赛，并不断取得好成绩。不久，他的两个弟弟也来投奔哥哥，三兄弟从此一起闯天下。三兄弟均热爱汽车，他们的才华被别克汽车厂老板杜兰特看中，并邀路易斯加入别克赛车队。随着别克赛车队的成绩上升，雪佛兰三兄弟的名声也在提高。杜兰特趁机让三兄弟自己设计一种汽车，于是，雪佛兰汽车公司诞生了。

1911 年 11 月 3 日，杜兰特与雪佛兰合伙成立了以设计师名字命名的"雪佛兰汽车公司"。1912 年年初，雪佛兰的第一批 6 款经典车型顺利地驶出了底特律车厂。

5. 布加迪 Type 41 Royale——1931

这辆 1931 年制造的布加迪王室轿车（Bugatti Type 41 Royale）（见图 5-6），当时只生产了 6 辆。它配备了直列式 8 缸发动机，排量高达 14 700mL，车身重 3 000kg，车身长达 6m，时速可达 180km/h。

布加迪（Bugatti）车是古典老式车中保有量最多的汽车之一，以布加迪为品牌的车型在世界多个著名汽车博物馆中可以看到，而且性能上升，车身造型新颖流畅，直置发动机的配置都独具特色。

图 5-6 布加迪 Type 41 Royale

知识链接

小故事

埃托里·布加迪

埃托里·布加迪 1881 年生于意大利的米兰，父亲是画家，也是著名的家具设计师。埃托里·布加迪自幼在美术学校学习，他特别爱好驾驶汽车，从 17 岁起就参加赛车活动。

第一次世界大战期间，埃托里·布加迪在美国为杜森伯格（Dusenberg）汽车公司设计制造了直列式八缸、功率 410HP 的航空发动机。第一次世界大战以后，从 1920 年起又先后研制出装用 4 缸 16 气阀（4 气阀机构的创始者）小型发动机赛车的 T22 型和 T23 型，并且在法国勒芒 24h 汽车大赛和伯雷西亚车赛中夺魁。

6. 杜森堡 Type J/SJ ——1933

杜森堡牌高级豪华轿车截至 1937 年共生产了约 500 辆（见图 5-7）。它是世界上最好的跑车之一，它采用直列 8 缸增压式发动机，每缸 4 气门，共 32 气门，双顶置凸轮轴，铝合金连杆和活塞，功率达 195kW，每行驶 120km/h 自动润滑系统就能将底盘全部润滑一次，最高车速达 225km/h。杜森堡 Type J/SJ 型轿车外形独特、色彩绚丽、性能配置良好，掀开了经典车的又一篇章。

图 5-7　杜森堡 Type J/SJ

7. 梅赛德斯-奔驰 Type500K——1934

500K 型车是 1934 年梅赛德斯-奔驰公司生产的双门跑车（见图 5-8）。500K 可能是世界上第一辆采用机械增压发动机的跑车，它在不增压状态下的最大功率为 74kW，当增压器工作时，功率陡增至 118kW，可以轻松地加速到 100km/h，最高车速可达 200km/h。500K 是一款充满美国情调的双座敞篷车，5m 长的车身，复杂的内外装饰，庞大的直列 8 缸 5 升发动机以及带有云母片的折叠软顶，这一切都与奔驰的传统格格不入。更令人惊讶的是，奔驰公司在历史上从未设计过任何船舶，但 500K 的造型却让人联想起一艘优美的船。

500K 的许多装备即使用今天的眼光来看也不算过时，比如 17 英寸的轮毂和运动型的独立悬架，成为代表作，至今仍被珍藏在戴姆勒-奔驰汽车博物馆内。

随着战争的爆发，500K 在生产两年之后就宣告停产，前后共生产了 354 辆，遗存下来的更是寥寥无几，就连现在奔驰博物馆的收藏品都是 1970 年从美国收购的。但它像划过车河的一颗明亮的流星，经典的造型和出众的设计将永远留在人们的记忆中。

图 5-8　梅赛德斯-奔驰

8. 宝马 328——1936

1936 年，宝马汽车公司推出了宝马 328 型跑车（见图 5-9），它配有一台并列 6 汽缸、双化油器发动机，汽缸容积 1 911mL，功率为 59kW，车头盖占了车身的一半，两边通风隔设计相同，以中线分开，前后轮距 2 365mm，极速达 150km/h，压缩比为 5.6:1，是一款车厢空间舒适的双门四座位跑车。该车只生产了 464 辆，是世界上最珍贵的老爷车之一。

宝马 328 被誉为世界上第一辆真正的敞篷跑车，在 20 世纪 30 年代的余下几年中，宝马 328 成了跑车设计中的一个标志产品，在战后的岁月中它更成了一个经典，为收藏家和老爷车赛手争相收集。对于许多宝马爱好者而言，它仍是公司历史上的最高点！

图 5-9　宝马 328

9．林肯-和风牌轿车——1937

林肯-和风（Lincoln-Zephyr）在 1936 年就已产生（见图 5-10），在 1937 年达到市场销售的巅峰。它采用 V 型 8 缸发动机，排量 3 621mL，最高车速为 125km/h。它之所以经典主要是因为其先进的设计，它首先将"水滴状"这种有着高效率流体力学原理的造型，充分运用在汽车外形的设计上；水滴形的尾灯、水滴形的挡泥板、水滴形的水箱护罩，斜斜的车尾……乃至整部车都有着同样优雅流线的线条，彻头彻尾地运用流体力学概念，对当时的汽车设计有着革命性推动作用。

和风直接导致了汽车设计史上另一个更为重要的里程碑。和风影响了福特汽车集团内外的许多车型，甚至有人说它影响了大众甲克虫的设计。

图 5-10　林肯-和风牌轿车

10．雪铁龙 Traction Avant——1938

雪铁龙 Traction Avant（见图 5-11）是在工程师勒费布尔（André Lefebvre）主持下，以不可思议的速度在不到 15 个月的时间里设计完成的！它的技术难点在于将发动机和变速箱整体移至前轮上，使其同时成为导向轮和驱动轮。Traction Avant 采用了承载式车身，外形的优美线条出自于意大利雕刻家贝尔托尼（Flaminio Bertoni）之手，是当时绝无仅有的创新。而其 76 万辆的产销业绩，更让雪铁龙的前驱 Traction Avant 型汽车为现代量产汽车开辟

了道路。

这个号称"马路皇后"的车型瞬间令其他汽车黯然失色，它"如此新颖，如此大胆，拥有如此丰富的独特技术，与前人如此的不同"。这是媒体在推出其前驱车型时的评价。这是雪铁龙最伟大的车型之一，生产时间也最长，达 23 年之久。Traction Avant 作为世界上的第一辆前驱轿车，不仅开启了一场伟大的技术革命，开创了前驱车时代，更引领了现代汽车工业的新方向。

在第二次世界大战解放巴黎的过程中，这款车为法国反法西斯力量（FFI）所专用，在解放法国被德国占领的战争中发挥了决定性的重要作用。前轴驱动带来的改变使车辆具有更好的运动性能、更佳的操控性和更小的道路阻力。

图 5-11 雪铁龙 Traction Avant

11. 西斯塔尼亚 202——1947

西斯塔尼亚 202（Cisitalia 202）（见图 5-12）是由意大利著名设计师平尼法尼那（Pininfarina）设计的，于 1947 年生产的，该车采用菲亚特 1100 型轿车底盘，直列 4 缸 1 089mL 发动机，最大功率为 44kW。该车是汽车史上的又一部经典，被誉为"飞驰的雕塑"，它成为第一辆纽约现代艺术博物馆（Moma）永久收藏的汽车。

图 5-12 西斯塔尼亚 202

12. 捷豹 XK120——1948

1948 年，捷豹 XK120（见图 5-13）是威廉·里昂斯把燕子（Swallow）变更成捷豹（Jaguar）后出产的第一款车。这款车采用双化油器设计，直列 6 缸发动机，排量 3 442 mL，功率为 118kW，极速可以达到 194km/h，0～96km/h 的加速时间仅需 11.6s。

在造型上，捷豹 XK120 把流线造型发挥到了极致，用一条完整的腰线从车头贯穿到车尾，这样就形成了一条完整的车侧曲线，即便是车门造型，也与整体容为一体。XK120 的另一个突破是它的车头造型，这种符合空气动力学原理的复杂流线造型在当时是一场设计上的革命，这种经典的车头造型作为捷豹的家族标志一直被传承了下来。XK120 是极富奔跑性能的传奇品牌，是 XK 系列车型的开山鼻祖。

13．吉普 CJ-3A——1949

吉普（Jeepster）是"二战"期间美国的军用车，吉普 CJ-3A（见图 5-14）是战后美国汽车"军转民"的一个范例。它配备了 4 轮驱动和直列 6 缸发动机，采用美军坚固的中吉普 44 底盘和较豪华的车身及内部装备，有硬顶及活动软顶等多款式，取名为"万能吉普"，它可以说是 SUV 的鼻祖。

图 5-13　捷豹 XK120

图 5-14　吉普 CJ-3A

14．别克 LeSabre——1951

1951 年，别克 LeSabre 敞篷概念车（见图 5-15）出现在世人惊讶的眼眸中，它拥有两项当时较为突出的技术，一是使用双燃料（汽油和酒精），二是装有湿度传感器，当车主离开后天下雨时，会自动关闭车顶篷。它的车身防撞设计、大大的尾翼，还有更低、更长、更宽的造型，是当时风靡一时的"高尾鳍"设计。这款车引领了 20 世纪 50 年代轿车设计风格趋向，开创了鱼形车的时代，是汽车史上的又一经典。

15．丰田 Toyopet SA——1951

丰田 Toyopet SA（见图 5-16）是丰田最早的小型车，采用了脊骨式车架、4 轮独立悬架、转向柱换挡杆等先进设计。此款汽车的爱称以公开招募的方式，最后选中了 Toyopet SA。Toyopet SA 标志着战后日本汽车设计风格出现明显转变，小型车开始占主导地位。

图 5-15　别克 LeSabre

图 5-16　丰田 Toyopet SA

16．宝马 MINI——1959

第一部宝马 MINI（见图 5-17）是由当代杰出的汽车设计师伊西哥尼斯于 1959 年设计制

造的，这款车长 3.05m、宽 1.41m、高 1.35m，采用 4 轮独立悬挂、前置前驱、散热器左置的设计方案，并且采用 4 缸发动机做横向设置，这是一个创举，从而最大地利用车内空间，使 MINI 的车厢占到全车身体积的 80%。MINI 自其诞生之日起就开始了其 50 多年的风靡旅程，是汽车史上又一经典传奇。

17．本田 N360——1966

1966 年采用前轮驱动方式的本田 N360 小型汽车（见图 5-18）在日本投放市场，这是本田公司创立以来的第一款大众乘用车。这款车采用 4 行程双缸发动机，配上 4 速手排和 475kg 的车身，拥有 115km/h 的极速，2 995mm×1 295mm×1 345mm 的车身和长达 2 000mm 的轴距，车身虽小但内部空间却非常宽敞，足以轻易容纳 4 名乘员。此车一经推出就在世界汽车界引起极大轰动，为公司赢得了不可计数的利润及崇高的商业声誉，从而使本田公司在汽车业站稳了脚跟。

图 5-17　宝马 MINI

图 5-18　本田 N360

18．我国的老爷车

1958 年 5 月 5 日，生产的东风 CA71（见图 5-19）是我国的第一辆国产小轿车，该车采用 4 缸顶置气门发动机，最大功率 52kW，油耗 10L/km，最高设计时速 128km。这辆车的诞生揭开了我国民族轿车工业的历史篇章。东风牌轿车一共制造了 30 台，由于是第一次制造小汽车，技术不成熟，东风轿车经常发生故障，最终它也没有批量生产。但是，东风小轿车为后来人们制造高级汽车提供了宝贵的经验。

第一辆红旗 CA72 轿车（见图 5-20）是在 1958 年 8 月 3 日生产下线的。该车采用 V8 顶置气门发动机，前脸采用扇形图案，车身造型庄重典雅，尾部采用了独具一格的宫灯形尾灯，车头上方镶有直立重叠的三面红旗车标，方向盘中央的向日葵造型及后尾标是纯金打造的，车内采用了景泰蓝、福建漆、杭州织锦，车身通体黑色。这辆车的诞生是中华民族尊严的象征，它从此向世界宣告了：中国人不能生产高级轿车已成为历史！

1976 年，我国终于制造出第一辆加长轿车（见图 5-21）。该车长 10m，装有 8 缸国产发动机，整车采用全手工制造，全铝车身轻量化设计，外观及细节都蕴含着中国式的尊贵。在造型上继承了第一代红旗前高后低的船型车身、对开式车门以及 3 排侧窗的造型；除了小比例侧车窗、小尾窗、短前悬、长发动机罩，车灯设计也延续了老红旗的圆灯和筒状翼子板造型，前栅格为扇形设计，并融入了传统建筑的"九梁十八柱"寓意；三面红旗的侧标还加入了实用的侧转向灯功能，宫灯状的尾灯造型与贯通前后的车身线条呼应，整体感强烈。在设计创新上，两面红旗抽象组合为新一代红旗旗舰的独有标志，应用在车头和 D 柱上。这辆非凡的"大红旗"轿车，不仅外观奇特，内部设施也非常完备，装有空调、冰柜、电视、卧室，显示了我国 20 世纪 70 年代汽车工业的最高制造水平，也是中华民族的骄傲。

图 5-19　东风 CA71

图 5-20　红旗 CA72

图 5-21　三开门加长型红旗轿车

二、经典跑车

跑车的英文名是 SportsCar 或 SportyCar。它的目的在于"把赛车运动带入普通人"，它的问世给很多痴迷于赛车运动的普通人体验赛车手的机会，所以跑车的定义也可以理解为"赛车的民用版本"。

跑车一般只按两个驾乘设置座位，车身轻便，而其发动机一般又比普通轿车发动机的功率强大，所以比普通轿车的加速性好，其车速也较高。跑车设计时较注重操纵性，而舒适性和通用性相对要差一些，越高级的跑车，此特点越明显。

跑车是轿车的精品，要求有更高的设计水平和制造技术。著名的汽车公司都先后推出了跑车的代表作，显示了公司的荣耀。充满个性和创意的跑车设计，不断丰富着汽车这一杰出艺术宝库。

1. 法拉利跑车

众所周知，著名的法拉利跑车是最出色的跑车，法拉利跑车已经成为一种艺术杰作，成为人们永远追逐的偶像。

法拉利 125S（见图 5-22）是法拉利生产的第一辆跑车，它被看做是现代赛车文化的起源。该款车采用 V12 发动机，排量 1 498mL，功率为 89.5kW，最高时速 275km/h。

图 5-22　法拉利 125S

近年来，法拉利汽车主要跑车（见图 5-23 至图 5-26）有：F355——F 是取 Ferrari 的首字母，代表 Ferrari，一般搭载中置发动机的车款，才在车型编号之前加上 F 字母。355 代表其排气量为 3.5L，每汽缸有 5 气门；456GT——456 代表其发动机的排气量是 4.56L，GT 意为"高性能豪华房车"；F50——是法拉利车建厂 50 周年的纪念车；F512M——512 代表其排气量为 5L，有 12 个汽缸，M（Modify）代表它的外观经过全面的修改；612 Scaglietti——612 代表其排气量为 6L，有 12 个汽缸。

图 5-23　法拉利 F355

图 5-24　法拉利 456GT

图 5-25　法拉利 F512M

图 5-26　法拉利 612 Scaglietti

法拉利 Enzo 超级跑车（见图 5-27）是法拉利汽车公司为纪念公司创始人恩佐·法拉利的卓越成就，而以他的名字命名的。这辆融合了法拉利世界顶级 F1 技术的跑车，最高车速达 350km/h、0～100km/h 的加速时间只要 3.65s，这两个参数使这辆 Enzo·Ferrari 成为法拉利集团有史以来生产的最快的公路汽车。

图 5-27　Enzo·Ferrari

图 5-28　法拉利 575M

法拉利 575 Maranello（见图 5-28）是法拉利于 2002 年生产的，装配 V-12 前置发动机，双顶置凸轮轴，每缸 4 气阀，铝合金缸体缸盖，排气量为 5.75L，后轮驱动，长、宽、高分别为 4 549mm、1 935mm、1 278mm，压缩比 110：1。在 575M 身上，法拉利实现了其多年的目标，使它的前置发动机旗舰产品有更多的运动特性，而且性能的扩展丝毫没有牺牲其世界级的豪华轿跑车形象。行驶迅捷，操控良好，有更大的横向抓地力，并且乘坐柔软，夸张的造型使人百看不厌，而更令人激动的还是其热血沸腾的驾驶体验。

2. 保时捷跑车

保时捷自成一统，在它身上从来都是以最佳的方式融合了动态性能——速度和日常实用性，也正是凭借于此，保时捷被看做是全世界经典跑车的典范。

1948 年在费利·波尔舍的领导下，一款以大众部件为基础的 356 跑车（见图 5-29）诞生了。这是第一款以保时捷来命名的底盘由轻金属制成的跑车，是稀有的保时捷早期作品，车盖上还未带保时捷盾徽。该车配备 40kW 的后置发动机，发动机蓄电池为 6V，排量为 1.5L，最高时速为 191km/h，采用了当时常见的弯曲挡风玻璃，大灯、进气口、车辆外形的设计和后置发动机理念在保时捷后来的发展中得到了传承。这部车在设计上相当简约，拥有出色的空气动力学性能，完全以驾驶性能为出发点。1951 年，356 赢得了同级别勒芒 24h 赛事，从此开始了它的世界赛车生涯。1958 年，在 356 问世 10 年后，已有超过 25 000 辆车驶下生产线。直到 1965 年停产，生产数量已达到 77 361 辆。

图 5-29　保时捷 356

图 5-30　1963 年的保时捷 911

在 1963 年法兰克福国际汽车展上，保时捷推出了 356 的接班人 911（见图 5-30）。911 是由 25 岁的费迪南德·亚历山大·波尔舍创造的。这款车首次采用尾部安装平置风冷 6 缸发动机，同时采用半拖臂后悬挂系统和单壳体车身，从 0 加速到 100km/h 只需 9.1s，最高时速达到 210km/h。1969 年，保时捷第二次赢得公务车世界冠军赛。紧接着第二年，911 又赢得了孟迪卡洛拉力赛。这款车一经问世，就成为经典的超级跑车，是许多车迷的梦中之车，直至今日它的魅力仍丝毫未减。

1974 年，911 Turbo（见图 5-31）诞生，这款车配备涡轮增压并在世界上首次采用电镀车身，它掀开了保时捷历史的新纪元。1988 年，在 911 问世 25 周年之际，保时捷推出了 911 Carrera 4（见图 5-32），此车型 85% 的部分是全新设计，其特点在于采用了电控 4 轮驱动和无举升车身，并配备了 ABS 和安全气囊等安全设备。1989 年，在费利·波尔舍 80 岁生日的庆典上，经典的 911 Carrera 2 问世，它配有新型手动/自动一体化变速箱。1994 年，保时捷推出的 911 Turbo（见图 5-33）是世界范围内系列生产的跑车中最强劲且排放最干净的车型。它也是世界上第一款将第二代车载诊断系统（OBD Ⅱ）作为标准配置的车型，它配有空心线网轮毂以及一个重量很轻的尾翼，因此受到了舆论的赞扬。1995 年，一辆具有全新构想的 911 变形车问世了——911 Targa（见图 5-34），它配有电控大号玻璃顶篷，是第一款使用双涡轮增压和 4 轮驱动系统的 911 Turbo。1997 年，新款 911 Carrera Coupe（见图 5-35）变得更快、更安全，排放更干净且更加强劲有力。除此以外，它比它的前身车型更加轻巧。另外，它还运用了水冷引擎、6 气缸及 4 阀门技术。一款新型 4 轮驱动式保时捷 911 在 1998

年秋季问世——新型 911 Carrera 4 两座敞篷车，它分为双门跑车和敞篷车两种型号，并配有保时捷稳定管理系统。1998 年 911 的演变在新型敞篷车上得以延续，整体的电动车顶开、关可在 20s 内完成，硬顶成为标准配置。2008 年问世的 911 GT2（见图 5-36）堪称保时捷史上最强的公路跑车，加入可变气门和可变涡轮几何技术，大大提高低转速时的扭矩输出。2009 年法兰克福车展，保时捷又推出了配备 7 速 PDK 双离合变速器的新款 911 Turbo 和一款限量型 911 Sport Classic。

图 5-31　1974 保时捷 911 Turbo

图 5-32　1988 保时捷 911 Carrera 4

图 5-33　1994 保时捷 911 Turbo

图 5-34　1995 保时捷 911 Targa

图 5-35　1997 保时捷 911 Carrera Coupe

图 5-36　2008 保时捷 911 GT2

　　保时捷 911 系列是整个保时捷乃至整个德国、整个世界最传奇的车型之一。在全球车迷的心目之中，保时捷 911 都占有一席之地。911 车系伴随着保时捷走过了其近五分之三的时间，911 的发展历程也是保时捷的发展历程，保时捷之所以能成为最令人兴奋的德国公司，通过 911 或许我们就能找到答案。

3. 宝马跑车

　　双座跑车是一种非常纯粹的车型，在历史上没有任何一种车型能够如双座跑车，清晰而准确地诠释宝马汽车的基因和精神。

　　1936 年 6 月 14 日，BMW 328 在纽伯格林北环赛道的比赛中首次亮相便技惊四座。当时的比赛评论员用"不可思议"来形容，它迅速而敏捷，无论在直线路段还是曲折的弯角都异常出色。

1955 年，Graf von Goertz 先生在纽约为设计优美的双座敞篷跑车揭开面纱，它不仅向世界展示了一款新车型，同时也树立了设计风格的一个新典范。修长而圆润的侧面线条、呈现优美弧度的上部车身以及长得惊人的发动机盖，使 BMW 507（见图 5-37）呈现出永恒的高雅和美丽。这款车在其漂亮的金属板外壳下，还提供了大量实用的部件：配有铝制 V8 发动机，被公认为第一款实现系列化生产的轻金属发动机，最高车速可达 200km/h，车内空间宽敞，而车身至今仍被看做是有史以来最好的车身之一。

1989 年，BMW Z1（见图 5-38）诞生。宝马双座跑车的历史进入了 Z 时代，Z 家族的名称，源于德语单词"未来（Zukunft）"的首字母。在其后的近 20 年里，先后诞生了 Z1、Z3、Z8 和 Z4。宝马敞篷跑车的基因和灵魂随着未来主义车型的血脉传承下来。

图 5-37　BMW 507

图 5-38　BMW Z1

BMW Z1 车身由金属和高技术合成材料结合而成，车身重量极轻，但稳定性很强，配有 2.5L 直列式 6 缸发动机，最大输出功率 170kW，最高车速可达 220km/h，发动机与悬架浑然一体，微型赛车般的驾驶特性带给驾驶员全方位的驾驶乐趣。它使用由弹性热塑性塑料制成的车身外壳。人们可以用一个螺丝刀把车身外壳卸下，然后再很快装上另外一套。就像变魔术一样把一部红色的 Z1 变成蓝色的。另一个有意思的事情是它的可以自动升降的电动车门。在成龙主演的《飞鹰计划》中就出现过这款双座跑车，令车迷惊叹。

1995 年，宝马公司推出了全新车型 Z3（见图 5-39），这是第一款在美国生产的宝马车型。Z3 贯彻着 BMW 的核心理念——纯粹驾驶乐趣，是宝马家族中外形尺寸较小的车型。Z3 的诞生掀起了新一轮跑车热潮，动感设计和经典感受的非凡结合也引发了人们狂热关注。Z3 的每一个延展车型都拥有独特的风格：Z3 敞篷跑车充满冒险精神；Z3 双门跑车则突出纯粹的赛车气质。在 007 影片《黄金眼》中，Z3 曾作为詹姆斯·邦德的座驾出现，抢去了许多邦德的风头。

图 5-39　BMW Z3

图 5-40　BMW Z8

跨越千年的时刻，BMW Z8（见图 5-40）在 2000 年面世。Z8 配有一台高性能 V8 赛车发动机，排量为 5L，采用单体铝制框架车身，车身上面是漂亮的外壳，每一个板件都用螺栓单独固定。与其他敞篷跑车相比，这种车身结构概念能够提供最佳的重量和最高标准的车身刚度，令驾驶者既在驾驶过程中享受到极佳的直接感觉，又避免了一般敞篷汽车常见的振动。BMW Z8 在《黑日危机》中成为邦德的新座驾。源自 507 的古典设计元素及非凡的性能让它位列新千年伊始最经典的超级跑车。

2003 年，BMW Z4（见图 5-41）横空出世，首先是敞篷跑车，3 年后，全新的 Z4 双门跑车也加入 Z 家族。无论是敞篷版跑车还是双门跑车，Z4 都完美诠释了 BMW 敞篷跑车的精髓。Z4 的表面、边缘、圆角和凹入部位相互作用，实现了表面硬朗的线条和弯曲度的巧妙结合，这独具特色的设计使得 BMW Z4 的线条非常特殊，光与影的变幻进一步强调了其特殊的车身比例。Z4 不仅具有极高的安全性能，同时具备最佳抗变形能力，而且有失压保护轮胎，轮胎漏气报警指示器和两级制动信号灯等引领潮流的安全技术。

图 5-41　BMW Z4

三、旋酷的现代乘用车

在国外，轿车称为乘用车，德文是"Wagen"，英文是"Car"或"Sedan"，是指欧洲贵族乘用的一种豪华马车。在我国译为轿车，这是和我国长期受封建社会的影响有关的，古代，有权有势的当官人都坐在别人抬的轿子里。由于乘用车品牌繁多，在这里仅介绍几种豪华现代乘用车。

1. 凯迪拉克

一百多年来，凯迪拉克在汽车行业创造了无数个第一，缔造了无数个豪华车的行业标准。一直以来，凯迪拉克都被视为美国顶级豪华车的标志，是各个历史时代美国成功人士的成功标志，是各国政要、显贵和名人的首选座驾，被一向以追求极致尊贵著称的伦敦皇家汽车俱乐部冠以"世界标准"的美誉。

凯迪拉克轿车主要有凯迪拉克、埃尔多拉多、弗里特伍德、帝威等类型，目前销售的凯迪拉克车型有：凯迪拉克 SRX（见图 5-42）、凯迪拉克 CTS（见图 5-43）、凯迪拉克 XLR（见图 5-44）、凯迪拉克 SLS（见图 5-45）、凯迪拉克 STS 等。

凯迪拉克 SRX 是一款全时四驱豪华 SUV，其大胆创新的外观设计，给"同质化"明显的 SUV 车型风格带来颠覆性影响。该款车融合了美国最先进的汽车科技和工艺，锋锐大胆的线条和修长轩昂的外表诠释了其另类的豪华；立式大灯折射出其珠宝般品质；后保险杠设计体现出以人为本的设计理念；超大全景观双排天窗更制造出令人眩目的体验。

凯迪拉克 CTS，运动型豪华轿车外型设计极富美国风格，运用了许多凯迪拉克的经典设计语言，楔形车身轮廓鲜明，线条硬朗，车头较短，拥有钻石般的高贵质感，给人的整体感觉利落、流畅。车身两侧轻微内敛，更增添了运动气息。引擎罩微微翘起与挡泥板相接，显得简洁又充满活力。

图 5-42　凯迪拉克 SRX

图 5-43　凯迪拉克 CTS

凯迪拉克 XLR，以前卫、大胆、时尚的设计风格、超豪华配置和超强的驾控性能，将全方位的豪华体验推向极致，成就了"艺术与科技"理念的颠峰杰作。XLR 采用铝制悬挂控制臂及横梁，镁制车身组件和折叠式车顶结构，加上先进的复合车身材质，使得 XLR 整车重量成为同级车中最轻的。卓越的车身结构和底盘带来顶级的乘坐品质与操控表现。

图 5-44　凯迪拉克 XLR

图 5-45　凯迪拉克 SLS

凯迪拉克 SLS 采用了 4.6 L V8 发动机，6 速手自一体变速箱，4 轮全时驱动，其后座的空间比更大，并采用凯迪拉克全新一代内饰设计理念，更具有运动性。

一百多年的豪华精粹传承品牌，以领先时代的科技精髓勇拓未来，凯迪拉克的傲岸英姿，无论身处何地，都以其永远的夺目显耀当仁不让地成为人们关注的焦点。融汇了通用汽车锐意创新的跨世纪理念，新世纪的凯迪拉克更将以百年历史精华和历代设计者的智慧的积淀结晶，在它的王者之路上掀开新的篇章。

2. 劳斯莱斯

劳斯莱斯汽车公司是以其贵族化享誉全球的。劳斯莱斯几乎等同于大英帝国的权力、尊贵与繁华。经历了百年的沧桑变故，皇者的尊贵、典雅、内敛的霸气，一切仍在延续。

目前，劳斯莱斯的主要车型有劳斯莱斯古思特（见图 5-46）、劳斯莱斯幻影（见图 5-47）、劳斯莱斯银天使（见图 5-48）、劳斯莱斯帕克沃德（见图 5-49）等。

图 5-46　劳斯莱斯古思特

图 5-47　劳斯莱斯幻影

图 5-48　劳斯莱斯银天使

图 5-49　劳斯莱斯帕克沃德

幻影是劳斯莱斯被宝马收购后推出的第一个产品，该款车配有 6.7 L V12 发动机与 6 速自动变速箱，0～100km/h 的加速不到 6s，最高时速被限制在 240km/h，同时继承了劳斯莱斯的经典设计：长发动机机罩、短前悬和长后悬。

古思特作为继劳斯莱斯幻影系列之后又一全新车系的首款新车，略小的车身充满现代感，又不失劳斯莱斯汽车品牌积蓄的丰厚底蕴。配备全新 6.6L 双涡轮增压 V12 发动机，最大功率为 420kW/5 250rpm，最大扭矩达到 780N·m/1500rpm，使其起步加速至 100 km/h 仅需 4.9s。古思特传递出一种更为休闲的风格，它将顶级品质、全新科技及现代风格完美地融于一体，从而进一步扩大了劳斯莱斯汽车的吸引力。

劳斯莱斯高贵的品质来自于它高超的质量。它的创始人亨利·莱斯就曾说过："车的价格会被人忘记，而车的质量却长久存在。"劳斯莱斯的成功还得益于它一直秉承了英国传统的造车艺术：精练、恒久、巨细无遗。因此，令人难以置信的是，自 1904 年到现在，超过 60%的劳斯莱斯仍然性能良好。

3. 梅赛德斯-奔驰

拥有百年历史的豪华品牌，梅赛德斯-奔驰继承下来的传统远远超过其他汽车制造商，在豪华车领域占有一席之地。现在梅赛德斯-奔驰除以高质量、高性能豪华汽车闻名外，也是世界上最著名的大客车和重型载重汽车的生产厂家。

梅赛德斯-奔驰目前主要生产 C 级车（中档轿、跑车）、E 级车（高档轿、跑车）、S 级车（豪华轿、跑车），还有 G 型车（越野车）。其中 S 级车是奔驰汽车公司的旗舰，是豪华的完美表述和技术精品，是经典中的经典。

S 级轿车是梅赛德斯-奔驰的旗舰轿车，S 级以增强舒适、安全和环保性为目标的创新精神成为整个汽车行业的典范。自 1951 年推出第一代车型以来，奔驰 S 级轿车已经走过了半个世纪的辉煌，已经成为豪华轿车的一种标准、一个定义。

2005 年公司推出的新 S 级（见图 5-50）采用了最新开发的第二代预防性安全系统，同时在 S500 加长版上率先应用最新夜视辅助系统，全面提升驾乘者的安全系数。它还装配了改进的空气悬挂系统，令操控更为平稳、敏捷。新 S 级搭载了新款的 V6 和 V8 发动机，输出功率和扭矩分别提高了 26%和 15%，油耗却降低了 9%。同时，新 S 级车型装配了独创 7 速自动变速器。在内部设计和功能操作上，COMAND 驾驶舱管理和数据系统的诞生可谓重大突破。驾驶员可通过中控台上的圆形按钮轻松控制诸多车内功能。这是第一款通过环保认证的豪华车，可再生原材料被大量运用，同时，它的尾气排放远低于目前的欧IV标准。

图 5-50　2005 款奔驰

图 5-51　2009 款奔驰

2009 年，应用梅赛德斯-奔驰诸多领先技术的新一代 S 级轿车（见图 5-51）在上海国际车展上全球首发，新车在舒适性与操控性方面都有了革命性的进步，并且应用了多项领先安全技术。同样令人印象深刻的还有 S 级轿车精致流畅的外形，将其卓越非凡的道路行驶性能表现得淋漓尽致。

纵览车坛历史，星河浩瀚，夜空如锦。其中闪耀着三叉星辉光影的梅赛德斯-奔驰 S 级轿车正在不断缔造不朽的传奇。

4．宝马

宝马是驰名世界的汽车企业，也被认为是高档汽车生产业的先导。宝马公司具有渊源悠久的历史，并以汽车的高质量、高性能和高技术为追求目标。

目前在市场中主要的宝马车系有 1 系、3 系、5 系、6 系、7 系、X 系、Z 系和 M 系。

宝马 7 系是宝马公司顶级的豪华轿车系列，是宝马汽车的旗舰车型，而且只有轿车形式。新款"7 系"（见图 5-52）通过采用制动操作时的能量回收装置降低了燃耗，此外还配备了 4 轮主动转向系统及带行人检测功能的导航仪等多种先进装备。从整体造型上，新款"7 系"流线更加舒畅，动力更为强大，体重更为轻巧，更符合年轻新贵的审美需求。

宝马新款"7 系"轿车充分展现了宝马的精华品质：敏捷灵活的身手、无与伦比的优雅、含蓄自信的风格，其经典的设计体现了尖端科技的最高水平。

5．奥迪

多年以来，奥迪以其时尚的外形、卓越的动力、高级的配置、舒适的感受成为豪华品牌的领跑者，过硬的车型品质和长期以来积累的"官车"形象，让奥迪在中国市场独占鳌头，被称为目前"最具价值"的高档车品牌。

奥迪主要产品有 A1 系列、A2 系列、A3 系列、A4 系列、A5 系列、A6 系列、A8 系列、Q7（SUV）、R 系、敞篷车及运动车系列等。

新奥迪 A8（见图 5-53）配有 12 缸发动机，450 马力的动力，以及高达 580N·m 的扭矩，0～100km/h 的加速时间仅为 5.1s，具有高品质跑车的卓越道路性能。新奥迪 A8 的前脸仍保持奥迪经典的上下双格栅，前大灯造型夺目，灯管排列在透明玻璃之后，与散热器面罩完美匹配。运用了发光二极管技术的尾灯和指示灯显得幽雅、超前。车顶饱满流畅的曲线很容易使人联想到双门跑车的风格，而且能极其自然地将视线引向车尾。缩短的车尾运动形象鲜明，侧面看极具动感。新奥迪 A8 整个车身略显扁平，采用最新一代的全铝车身框架结构，使整车的重量大大减轻，不仅提高了安全性，减少了油耗，同时还对操控性和驾乘舒适性做出全新的改良。精选的比例及不带接缝和边棱的大面积平滑表面，即使在静态时也时时透射出一种动感的气质。

新奥迪 A8 再次诠释了奥迪"突破科技、启迪未来"的品牌理念和绿色高效的造车理念，

汇集前瞻未来的尖端理念与精湛工艺，专为激情进取而富有创造力的"才智领袖"打造。

图 5-52 宝马新款"7 系"

图 5-53 奥迪 A8

课题二 著名汽车企业家和设计师

❖ 学习目标

1. 了解世界著名的汽车企业家和设计师；
2. 掌握他们对汽车事业的贡献。

❖ 知识结构

课题二	世界著名汽车企业家和设计师
	世界著名汽车企业家和设计师对汽车事业的贡献

案例导入

如图 5-54 所示，这是一辆具备现代汽车基本特点的三轮汽车，正是它的出现揭开了汽车业的浩瀚篇章，是谁设计了这辆具有历史意义的汽车呢？

图 5-54 三轮汽车

基本内容

一、影响汽车业发展的著名汽车设计师和企业家

想一想

德国和美国的汽车名人是哪几位？

德国的汽车名人有：卡尔·本茨、哥特里布·戴姆勒、费迪南德·波尔舍。

美国的汽车名人有：亨利·福特、威廉·杜兰特、阿尔弗莱德·斯隆、沃尔特·克莱斯勒。

二、汽车名人对汽车业的贡献

自 1886 年到现在，汽车走过了 120 多年的历程。在这期间有指责、有赞美、有曲折、有辉煌，更有无数的汽车人各领风骚，他们不折不挠、勇于创新，甚至为汽车事业奉献一生。正是这些英雄们创造了一个神奇的汽车世界。汽车业的名人们在汽车业的发展中也做出了巨大的贡献。

1. 卡尔·本茨（KarlBenz，1844—1929 年）

卡尔·本茨（见图 5-55）是现代汽车工业的先驱者之一，被誉为"现代汽车之父"。他勇于向马车、蒸汽汽车挑战，采用内燃机实现了汽车的自动化，从而宣告人类社会步入现代汽车时代，并开创了奔驰汽车公司和戴姆勒汽车公司联袂的先河。

1844 年，本茨以遗腹子的身份出生于德国，父亲是一位火车司机，在 1843 年因发生事故去世了。中学时期，本茨就对自然科学产生了浓厚的兴趣，1860 年，他进入卡尔斯鲁厄综合科技学校学习。在这所学校，他较为系统地学习了机械构造、机械原理、发动机制造、机械制造经济核算等课程，为他日后的发展打下了良好基础。1872 年，他组建了"奔驰铁器铸造公司和机械工场"，专门生产建筑材料。由于当时建筑业不景气，本茨工场经营困难，面临倒闭危险，万般无奈之际，他决定制造发动机获取高额利润以摆脱困境。于是，他领来了生产奥托四冲程煤气发动机的营业执照，经过一年多的设计与试制，于 1879 年 12 月 31 日制造出第一台单缸煤气发动机（转速为 200rpm，功率约为 0.7kW）。1883 年，本茨在曼海姆成立奔驰公司，两年后造出了第一辆三轮汽车。1886 年 1 月 29 日，他获得了该车的专利，取得了世界上第一个"汽车制造专利权"。然而开始购买这种车的顾客并不多，但是在本茨的妻子贝尔塔·本茨的鼓励下，本茨对奔驰车进行改进，安装大功率的发动机，终于在 1893年相继推出维多利亚、维洛、舒适等新车型。

1901 年，戴姆勒汽车公司的问世，对奔驰轿车是严峻的挑战。1924 年，奔驰和戴姆勒这两家创建最早、名声很大的汽车公司开始接触，协作设计和生产，并且把产品广告登在一起。两年后，两家公司正式宣告合并，组成戴姆勒-奔驰汽车公司，推出梅赛德斯-奔驰轿车。

1925 年 7 月 21 日，在德国慕尼黑举行的第一次（现在称老爷车）拉力赛上，81 岁高龄的卡尔·本茨驾驶着早先他发明的三轮奔驰汽车参加了比赛。

在戴姆勒汽车公司和奔驰汽车公司合并后第 3 年的春天，卡尔·本茨因病去世，享年85 岁。

知识链接

小故事

汽车向马车挑战

卡尔·本茨为使自己的汽车不受车速的限制，特意写信邀请地方官员来自己家做客。在约定的时间，他亲自开汽车去车站迎接。途中，他严格遵守地方政府"汽车时速不得超过 6 英里"的规定。这时，车后一辆马车很快超过了汽车，超车后，马车车夫对他们发出放肆的嘲笑声。这可激怒了这名官员，他大声地对本茨说："你的汽车比马车还慢吗？"。本茨装作无奈地答到："追上马车易如反掌，只是政府制定的交通规则要求不能超速。""我就是交通规则，现在给我追上去！"官员大叫。本茨听后心中暗喜，立刻加速超过了马车。从此，关于限制汽车速度的规定就在当地被废除了。

在发明汽车的过程中，卡尔·本茨的勇气令人钦佩：首先，他甘心清苦埋头于自己的发明工作。其次，他果敢地摒弃了在技术上已十分成熟的蒸汽机而选用了并不被人看好的内燃机作动力，反映了他在观念上的巨大转变。再次，他既能开发生产反映汽车技术最高水平的"高档车"，又能及时调整产品结构，组织生产适销对路的"普通车"，为公司赢得可观的利润，说明他既有工程师的基本素质，又有企业家的经营技巧。

图 5-55　卡尔·本茨

想一想

（1）卡尔·本茨对汽车业的贡献有哪些？
（2）卡尔·本茨有哪些品质是值得我们学习的？

2. 哥特里布·戴姆勒（Gottlieb Daimler，1834—1900 年）

哥特里布·戴姆勒（见图 5-56）发明了高速内燃机、摩托车和四轮汽车。他既被誉为"汽车之父"，又被称为"摩托车之父"，他还是三叉星商标的最早设计者。

1834 年 3 月 17 日，哥特里布·戴姆勒出生于德国一个手工业工人家庭。他自小聪慧过人，曾在制枪匠手下当过学徒，出徒时已能制造双管手枪。1852 年，他就读于斯图加特工程学院，毕业后就职于道依茨发动机公司，先后改进了奥托式四冲程发动机并发明了戴姆勒卧式发动机。

1883 年，戴姆勒同好友威廉·迈巴赫一起成功研制出世界上最早的内燃机。1885 年，他又研制出第二台立式单缸内

图 5-56　哥特里布·戴姆勒

燃机，并把该发动机装到一辆骑士牌自行车上，从而诞生了世界上第一辆摩托车。为了庆祝妻子的 43 岁生日，戴姆勒将一辆马车进行了改装，于是世界上第一辆四轮汽车诞生了。颇有意思的是，在相距 100km 外的曼海姆和坎斯塔特，本茨发明了三轮汽车，两位都被世人誉为"汽车之父"。

1890 年，戴姆勒创建了自己的汽车公司。1900 年，哥特里布·戴姆勒逝世。

3．费迪南德·波尔舍（Ferdinand-Porsche，1875—1952 年）

费迪南德·波尔舍（见图 5-57）是德国大众汽车公司和波尔舍汽车公司的创始人，他成功地设计了甲克虫汽车，所设计的赛车体现了高超的设计水平。波尔舍被誉为"汽车设计大师"和"赛车大王"。

1875 年 12 月 3 日，波尔舍出生于奥地利的一个铁匠之家，15 岁进夜大学习。后来他一面在电厂工作，一面在维也纳工学院进修。他曾长时间在戴姆勒发动机公司任技术经理，1924 年，试制成功了两种新型发动机，在当时各类汽车比赛中为戴姆勒发动机公司赢得荣誉，斯图加特技术科学院冠以波尔舍博士的头衔。1930 年，波尔舍创建了保时捷汽车公司。1934 年，波尔舍取得了德国护照。

1945 年"二战"结束后，老波尔舍因研制军用产品被法军逮捕。1848 年，获释后的波尔舍重操旧业，他回到保时捷汽车公司，精心设计制作了 50 辆功率为 30 kW、铝制车身的波尔舍 356 型（因先后进行 356 次设计变动而得名）赛车。由于该车型在一次重大比赛中出人意料地战胜了许多欧美名车，一夜之间费迪南德·波尔舍成为妇孺皆知的英雄。

1951 年 1 月 30 日，就在保时捷 356 型赛车开始为公司赢得荣誉时，波尔舍不幸因病去世，终年 77 岁。

4．亨利·福特（Henry Ford，1863—1947 年）

亨利·福特（见图 5-58）是美国和世界汽车工业主要奠基者之一，是福特汽车公司的创始人。福特汽车公司历史悠久，早在 20 世纪初便成了世界上最大的汽车公司之一，并被誉为"汽车大王"。而他的创始人亨利·福特更是一位具有传奇色彩的人物，是他使福特公司从无到有、从小到大的。

图 5-57　费迪南德·波尔舍

图 5-58　亨利·福特

1863 年 7 月 30 日，亨利·福特出生在密执安州一个自耕农家庭，其父是一位农场主。他生性喜爱摆弄各种机器设备，甚至在他还是个小孩子时，就能把一只表拆开再装好。不久他除了修理自己家里的钟表外，还替所有邻居家修理钟表。一次，他家的一个朋友说："福

特家的每一个钟看见亨利走过来就哆嗦！"

1893 年圣诞节，福特研制的汽油机获得成功。1896 年，福特成功地研制出第一辆汽车。1899 年，他与别人合作成立了底特律汽车公司并担任制造部经理。因缺乏经验，公司在一年后宣布解散。1901 年，他又成立了第二个汽车公司。而批量生产汽车所需的技术完全不同于生产单一的汽车，修理工出身的福特在当时显然还不能胜任这一重任，第二次办厂又以失败而告终。两次失败的经历并没有吓倒福特，他凭借坚强的毅力和果敢的胆识，坚持谋求在汽车业的发展，并付出比以往更大的努力。他自驾赛车四处表演，不断改进汽车结构。1903 年 6 月，福特第三次与别人合作，终于成功制成了一辆汽车，车身轻便，挨近地面，而且运转快速，足以和其他汽车进行竞赛。他按照一种有名的特别快的车的名字，把自己的汽车命名为"999"。他驾驶"999"参加了一次 3 英里竞赛，并获得优胜，其速度的纪录也随之驰名全球。

竞赛过后的一个星期，福特顺利地创办了福特公司。1908 年，福特公司推出了一种简单经济的 T 型车，占领了大量的汽车市场。而后他们又把目光瞄准了运动车和豪华车。1913 年，福特公司又首先研究出传送带生产线，使其生产率大大提高。当 1927 年 T 型车系列结束时，福特公司已经生产了 1 500 多万辆廉价小汽车。这在当时是一个奇迹，而这个奇迹正是在亨利·福特的领导下创造的。

1947 年 4 月 7 日，福特因脑溢血死于底特律市，享年 83 岁。当时的《纽约时报》对福特这样评价："在他未来到人世时，这个世界还是马车时代。当他离开人间时，这个世界已成了汽车的世界。"

想一想

亨利·福特对汽车业做出了哪些贡献？

5. 威廉·C. 杜兰特（William Crapo Durant，1861—1947 年）

威廉·C. 杜兰特（见图 5-59）是世界汽车发展史上一位传奇式的人物。他的眼光、胸襟、手腕、精力都要胜人一筹，他创建了现今世界第一大汽车公司——通用汽车公司。

1861 年，杜兰特出生于美国的马萨诸塞州波士顿市。1886 年，他对马车制造产生了极大的兴趣，投资 1 500 美元在弗林特市成立了一家马车制造公司，并在很短时间就成为全美马车时代最负盛名的制造商。

1904 年，别克汽车公司的经营陷入困境，他预感到这是上天赐给他涉足汽车制造领域的良机。他果断筹措巨款买下别克汽车公司进而完全控制这家公司。

1905 年，杜兰特在未与任何合股人商量的前提下，擅自决定参加纽约汽车展览会，并在会上包揽了 1 500 辆汽车的制造任务。由于公司生产能力有限，结果只造出了 20 辆，公司在经济和信誉两个方面蒙受了损失，杜兰特因此被停职。停职后的杜兰特不甘寂寞，仍在为公司四处活动，这是别克公司在当时得以发展的重要原因之一。1908 年 9 月 16 日，乔治·E. 丹尼尔等三人以 2000 美元的微弱资金，在新泽西州联合组建了早期的通用汽车公司。同年 9 月 28 日，杜兰特列席了"通用"的内部会议，并表示自己愿意将别克公司卖给

"通用"，他本人也愿意为"通用"效力。3 天后，"通用"以 375 万美元的价格收购了别克公司，杜兰特如愿以偿地进入了"通用"。公司规模的扩大使杜兰特十分乐观，他认为"通用"每年在美国市场上出售 50 万辆汽车是一件轻而易举的事情。为此，他认为应该将当时的一些汽车产销商合并起来，组成一家大的汽车公司。于是，他采用了以股票换股票的方式将 20 多家汽车制造厂、汽车零部件制造厂及汽车推销公司合并起来，其中包括奥兹莫比尔、卡迪拉克、旁蒂克等知名汽车企业，形成了一家巨型汽车企业。不过，当时的"通用"只是一家控股公司，下属各企业是各自独立的经营单位，加之杜兰特既没有建立必要的公司管理机构，也没有建立必要的现金储备，仅凭销售汽车所获得的现金来支付原材料费用及职员工资。1910 年，当汽车销量在福特公司的激烈竞争下大幅下滑，"通用"出现了严重的资金危机。为渡过难关，杜兰特在走投无路的情况下，只好向财团求救。财团接受了"通用"的举债请求，但同时也开出了极为苛刻的条件，即要杜兰特辞职，并要通过信托方式控制"通用"。在这一背景下，杜兰特被解除了总经理的职务。

1911 年年底，杜兰特和路易斯·雪佛兰共同创建了雪佛兰汽车公司，他们励精图治，再度取得了辉煌的成就。于 1916 年他得到美国化工大王皮埃尔·杜邦财力的支持，将通用公司从银行家的控制下重新夺了回来。

在重新获得通用公司的领导权后，由于杜兰特无意接受董事会的领导，疏于经营管理，只热衷于公司规模的扩大，从而导致扩张过于迅猛，不久，公司便陷入困境，出现了分公司

图 5-59　威廉·C. 杜兰特

各自为政、产品重复、无法形成"一致对外"的市场竞争格局，公司很快濒临倒闭。在公司上下一片反对声中，杜兰特被迫于 1920 年 11 月辞职。

当经济大萧条时代到来时，杜兰特耗费了自己所有的精力，苦苦支撑自己的公司业务，但最终因为资金流动困难，在 1936 年宣布破产，并于 1947 年，黯淡地离开人世。虽然斯人已去，但是他一手缔造的通用汽车公司，却成功地存活下来，经后人的成功经营，开创了通用汽车时代，使它成为现在世界上最大的汽车公司。

6. 阿尔弗莱德·斯隆（Alfred P. Sloan，1875—1966 年）

阿尔弗莱德·斯隆（见图 5-60）是汽车业界的管理奇才和著名的企业家，他在通用汽车公司时所创立的理念和业绩成为全球企业界的表率，开创了大公司集团现代管理的先河。斯隆以其聪明才智为"通用"构筑了一套完善的组织机构，建立了一整套管理和财务制度，为公司日后的大发展打下了坚实的基础，被誉为"世界上最伟大的董事长"。

1875 年，斯隆出生于一个商人家庭，1897 年毕业于美国麻省理工学院，1918 年加盟杜兰特先生领导的通用汽车公司。1923 年 5 月，继杜邦先生之后，成为通用汽车公司的总裁，之后，一直任通用汽车公司总裁、首席

图 5-60　阿尔弗莱德·斯隆

执行官、董事会主席至 20 世纪 50 年代。

1921—1922 年，期间斯隆就提出了一种叫"集中政策控制下的分散经营"组织机构模式，这是事业部制组织结构的雏形。他把通用汽车公司按产品划分为 21 个事业部，分属 4 个副总经理领导。有关全公司的大政方针，如财务控制、重要领导人员的任免、长期计划、重要研究项目的决定等，由公司总部掌握，其他具体业务则完全由各事业部负责。斯隆认为，这种管理体制贯彻了"政策决定与行政管理分开"这一基本原则，因而能使集权和分权得到较好的平衡。通用汽车公司经过斯隆的改革和整顿以后，迅速发展成为世界上最大的汽车公司。斯隆担任通用汽车公司总裁 23 年，短短 3 年内让濒临破产的通用汽车反败为胜，更为企业组织管理立下世纪典范，与通用电气的杰克·韦尔奇并称 20 世纪最伟大的 CEO。在他领导通用汽车公司的几十年中，通用不但超越福特汽车公司成了世界上最大的汽车制造商，成为世界上最大的产业集团之一，而且成了美国经济的重要标志。他在汽车行业 50 多年的管理经验，不但使自己成为 20 世纪最伟大的企业家，成为职业经理人的榜样，而且对管理理论的发展做出了伟大的贡献。他对企业的组织结构、计划和战略、持续成长、财务成长及领导的职能和作用的研究，对职业经理人概念和职能的首次提出，都对现代管理理论的形成和发展产生了极大的影响。

7. 沃尔特·克莱斯勒（Walter Chrysler，1875—1940 年）

沃尔特·克莱斯勒（见图 5-61）是克莱斯勒汽车公司的创始人，他创建和发展了美国第三大汽车公司。

1875 年 4 月 2 日，克莱斯勒出生于铁路技师家庭，青年时在一家工厂当机械师，1910 年到通用汽车公司别克分部工作，开始年薪只有 6 000 美元。由于他精通机械、技术超群，备受杜兰特的赏识，把他的年薪最后增加到 50 万美元。然而，由于克莱斯勒与杜兰特难以合作，他还是于 1920 年 3 月 25 日离开了"通用"。

图 5-61 沃尔特·克莱斯勒

1921 年，克莱斯勒正式接管了克斯威尔汽车公司。1924 年推出了克莱斯勒 6 号车型，这种采用了高压缩比发动机的汽车在市场销售中很受欢迎，问世当年就销出了 3.2 万辆，公司商誉得以提高。利用这一难得的良机，克莱斯勒于 1925 年 6 月 6 日正式宣布成立克莱斯勒汽车公司。

克莱斯勒汽车公司比福特汽车公司晚了 22 年，比通用汽车公司晚了 17 年，在美国排名为第 27 位，此时克莱斯勒已 50 岁。而克莱斯勒汽车公司发展迅速，相继推出的克莱斯勒 4 号和亨利 5 号两款新车为克莱斯勒汽车公司的发展作出了贡献。到 1927 年由美国汽车产量的第 27 位上升到 5 位。1928 年，克莱斯勒汽车公司顺势买下了道奇和顺风两家汽车公司，1929 年产量上升到第 3 位，跃升为美国第三大汽车公司。

1935 年 7 月 22 日，克莱斯勒在过完 60 周岁生日后，辞掉公司总经理职务，改任董事长，直至 1940 年 8 月 8 日去世。

8．恩佐·法拉利（Enzo Ferrari，1898—1988 年）

图 5-62　恩佐·法拉利

恩佐·法拉利（见图 5-62）是法拉利公司的创始人，世界著名赛车手，他在汽车制造业中享有盛誉，被称为"赛车之父"。

1898 年 2 月 18 日，法拉利出生于意大利的摩德纳，其父为一小工厂主。10 岁时，父亲带他到波伦亚观看了一场汽车比赛。赛车场那集惊险、刺激于一体的惊心动魄场面深深地吸引了他，他盼望着自己也能成为一名优秀赛车手。13 岁那年，他说服了父亲，允许他单独驾驶汽车，从此，他与汽车结下了不解之缘。

1916 年，第一次世界大战时法拉利应征入伍。退役后，在菲亚特公司的赛车部获得一份工作。1920 年，22 岁的法拉利凭借自己的聪明才智，在当时意大利的阿尔法·罗密欧汽车公司从事跑车设计方面已初露锋芒。1929 年，法拉利创建了"法拉利赛车俱乐部"，并在一系列比赛中取得了辉煌的战绩。

1947 年，第一辆以"奔马"为象征的"法拉利"汽车（125S）诞生。1948 年，法拉利赛车夺得罗马汽车赛冠军，"奔马"的形象一夜之间传遍了欧洲。由于赛车的性能需要在赛车场上才能得到检验，因此，法拉利积极参加各种汽车大赛，借以检验、宣传自己的赛车。法拉利赛车并未辜负他的期望，先后夺得多项桂冠。1956 年，经过法拉利改造的"蓝旗"车一举夺得了世界汽车竞赛"一级方程式赛车年度总冠军"。这一连串的胜利，奠定了法拉利赛车在世界车坛至高无上的地位。他设计的"F1"型赛车在世界性大赛上共获得 100 多项桂冠，至今尚无哪一种赛车能够打破该项纪录。

法拉利除了制造赛车并参加大赛以外，还积极策划制造法拉利跑车，寻求以车养车，即用出售跑车所获得的利润以实施自己的赛车计划。由于法拉利声誉极高，多次为国家争得过荣誉，成为意大利汽车业的形象代表，并经常得到财大气粗的菲亚特公司在财政方面无私帮助。1969 年，法拉利答应让本国的菲亚特公司收购，条件就是对方在今后的岁月里不得干扰其赛车活动。

多年以来，汽车界的人们已经形成了这样的共识：只要提到法拉利，大家就会想到超级的"法拉利"赛车和跑车；只要提到汽车科技的先进水平，人们就会想到红色的"法拉利"。"法拉利"车集技术性、艺术性于一体，采用了类似于"劳斯莱斯"、"保时捷"、"兰博基尼"等世界名车半机械、半手工化的加工工艺精心制作，质量一丝不苟，堪称稀世珍品。

1988 年 8 月 14 日，汽车界的巨星恩佐·法拉利去世了，终年 90 岁。他留给后人的是不朽的事业和艺术品般神奇与魅力的"法拉利"车。

9．安德烈·雪铁龙（A.Citroen，1878—1935 年）

安德烈·雪铁龙（见图 5-63）是雪铁龙汽车公司的创始人、发动机前置前驱动汽车的发明者。

1878 年 2 月 5 日，作为父母 5 个孩子中最小的一个，安德烈·雪铁龙在法国巴黎出生。1912 年，22 岁的雪铁龙去波兰外婆家探亲度假，途中因注意到一个装置上按"人"字形拼成的齿轮而得到灵感，发明了人字形齿轮传动系统，并获得专利。1913 年创立了以自己姓氏

命名的齿轮厂，专门从事齿轮传动机的生产。

1915 年，雪铁龙创建了雪铁龙汽车公司，成为法国第一个采用流水线生产汽车的公司。第一次世界大战期间，雪铁龙又从事炮弹的制造。战争结束后，他又将兵工厂改回生产汽车，并率先在法国大批量生产经济型轿车。1934 年 3 月 24 日，雪铁龙发明了发动机前置前驱汽车，这是至今大多数轿车仍采用的设置形式。

雪铁龙认为：汽车厂卖的不只是汽车，还有无微不至的服务。为此，他逐步完善汽车销售方式，创立一年保证期制度，

图 5-63　安德烈·雪铁龙

建立分销网，列出汽车零件目录和维修费用一览表，使所有销售处、维修点的费用得以统一。1922 年后，他大力推广分期付款的售车方式，并在国外建立分支机构。此外，他还创办了不少出租汽车公司，在全国各地形成了汽车游览服务网。

为了促进汽车销售，雪铁龙在对公司和产品的宣传方面可谓煞费苦心：他在法国各地十字路口竖立起雪铁龙标牌，强化了人们对其标志的印象；他让汽车从高山上翻滚而下以证明车身的坚固耐用；他雇用飞机以五彩的烟火在空中画出"雪—铁—龙"字样；更为绝妙的是，他于 1925 年在巴黎埃菲尔铁塔以霓虹灯方式做广告，使巴黎四周 30km 以内都可看到；1923 年，他发起了穿越撒哈拉沙漠的大型车赛；1924 年，他又组织了贯穿全非洲的"黑色之旅"赛车活动；1927 年，美国人林伯驾机穿越北大西洋成功，雪铁龙竭力说服这位英雄去自己的工厂接受工人们的祝贺，结果第二天的报纸就登了这样的文章——"林伯访问雪铁龙"；自 1928 年起，雪铁龙每月月末在法国 100 家大报刊登大幅广告；1931 年，他在法国巴黎开办了当时全球最大（长 400m）的汽车商场，除了经销汽车外，也在场内放映电影和开办音乐会。

1929 年，世界经济大萧条开始，雪铁龙汽车公司却继续扩大生产，结果导致 1934 年雪铁龙汽车公司破产，被米西林公司接管。雪铁龙本人因患忧郁症住进医院，直至 1935 年 7 月 3 日去世。但是他的发动机前置前驱汽车的设计方案历时 70 多年始终成为汽车行业的"经典之作"，这是对安德烈·雪铁龙的最好评价。

10. 丰田喜一郎（Kiichiro Toyoda，1894—1952 年）

丰田喜一郎（见图 5-64）是丰田汽车公司的创始人，日本汽车工业的先驱者，享有"日本汽车之父"的盛誉。他缔造了丰田汽车工业股份有限公司，实现了他父亲的遗愿：生产"日本制造"的汽车。"我们不是在毫无目的地制造汽车，我们是要用日本人的头脑和手艺振兴汽车工业。"这是丰田喜一郎创立丰田时的志向和远见。这种远见和志向，加上大野耐一等人的努力，才创造了后来风靡全球的"丰田生产方式"，并使丰田从一个小企业成长为世界级企业。

图 5-64　丰田喜一郎

丰田喜一郎出生于 1895 年，其父亲丰田佐吉既是日本有名的纺织大王，也是日本大名鼎鼎的"发明狂"。丰田佐吉为了发展自己的工厂，将长子丰田喜一郎送到东京帝国大学工学系机械专业读书。大学毕业后，丰田喜一郎来到父亲的"丰田纺织株式会社"当了一名机师。经过 10 年磨练，丰田喜一郎担任管技术

的常务经理。然而，目光远大的他并不满足于眼前的成就。当他发现汽车能给人们带来极大方便时，预感到这一新兴行业具有广阔的发展前景，决定将其作为自己的事业，他的这一想法得到了父亲的大力支持。1929 年年底，为了将纺织机专利卖给当时势力强大的普拉特公司，丰田佐吉派丰田喜一郎前往英国全权代表自己签订契约。在国外，他除了完成父亲嘱托的任务以外，还花费了 4 个月的时间体验了英国的汽车交通，走访了英、美尤其是美国的汽车生产企业，彻底弄清了欧美国家的汽车生产状况。这次国外之旅给他留下了极为深刻的印象，坚定了他发展汽车事业的决心。

1930 年，丰田佐吉临终前，他将儿子叫到眼前，给他留下了作为父亲的最后一句话："我搞织布机，你搞汽车，你要和我一样，通过发明创造为国效力。"他还亲手将转让专利所获得的 100 万日元专利费交给儿子，作为汽车研究启动经费。

1933 年，在丰田喜一郎的一再努力下，公司设立汽车部。1933 年 9 月，他着手试制汽车发动机，拉开了汽车生产的序幕。1934 年，他托人从国外购回一辆德国产的 DKW 前轮驱动汽车，经过连续两年的研究，于 1935 年 8 月造出了第一辆"丰田 GI"牌汽车。1937 年 8 月 27 日，丰田喜一郎成立"丰田汽车工业株式会社"。

丰田喜一郎颇有战略家的眼光，他自一开始组织汽车生产就注意到了从基础工业入手着眼于整体素质的提高，使材料工业、机械制造、汽车零部件业与汽车工业同步发展，为汽车的大批量生产创造了必要的条件，因此，日本人称他是"日本大批量汽车生产之父"。

丰田喜一郎对汽车工业的另一贡献是对生产过程的科学管理。他主张弹性生产方式，"工人每天只做到必要的工作量"即可，"恰好赶上"，减少零部件库存，这就是风靡全球的"丰田生产方式"，使之成为当今世界上许多国家争相效仿的先进经验。

1952 年 3 月 27 日，丰田喜一郎患脑溢血去世，终年 57 岁。

想一想

丰田喜一郎对汽车业的贡献有哪些？

11．本田宗一郎（Soichiro Honda，1906—1991 年）

本田宗一郎（见图 5-65）是日本本田汽车创始人，世界著名的企业家、日本实业家、工程师，作为日本战后技术型企业家而享誉全球。美国机械工程师学会设有一种荷利奖，专门用于奖励那些在机械工程领域做出了杰出贡献的人。迄今为止，该奖项一共颁发过两次：1936 年奖励了有"汽车大王"之美称的美国人亨利·福特；1980 年奖励了日本人本田宗一郎。据此，人称本田宗一郎为"日本的福特"。

图 5-65　本田宗一郎

1906 年 11 月 17 日，本田宗一郎出生在日本静冈县的一个穷苦家庭，他自幼便对机械表现出了一种特殊的偏好。1928 年，他结束 6 年学徒生涯后，在滨松市开设了一家汽车修理厂——技术商会滨松支店。然而，目光远大的他觉得修理汽车不会有太大出息，自己应该从事更富创造性的制造业。1934 年，本田宗一郎创建了"东海精机公司"，虽然初出茅庐，但

在他的惨淡经营下，公司总算生存了下来。"二战"以后，本田公司处境艰难，加之在此以前丰田公司已持"东海"较多股份，个性较强的本田宗一郎不甘受制于人，于是在1945年将自己拥有的股份以45万日元价格转让给丰田，自己彻底撤出了"东海精机公司"。

1946年10月，本田宗一郎在滨松设立了"本田技术研究所"，主要生产纺织机械，这是他人生旅途中的一个重大转折点。1947年，本田宗一郎又亲自动手研制了50mL双缸"A型自行车马达"，这就是最早的"本田摩托发动机"，也是本田A型摩托批量生产的开始。他的成功引起了人们的注意，许多人都在仿制本田式的"机器脚踏车"。为在摩托车领域站稳脚跟，本田宗一郎决定生产真正意义上的摩托车。1948年9月，他正式组建了"本田技术研究工业总公司"并自任社长，从此揭开了本田大发展的序幕。

本田宗一郎认为：必须走多元化产品战略，才能在激烈的市场竞争中永远立于不败之地。在经营摩托车获得成功后，1962年，本田开始涉足汽车生产，他投入大量资金进行汽车开发，并获得极大成功。"本田N360"型轿车成为全球畅销车，设计开发的CVCC发动机及安装此种发动机的汽车，因其控制排污效果上佳于1975年在世界汽车界引起极大轰动，为公司赢得了不可计数的利润及崇高商业声誉。

本田宗一郎充分利用有效机会宣传企业和产品，积极参加各种类型的车辆竞赛活动。1961年，他凭借在英国举行的比赛击败长期居于垄断地位的英国摩托车，以及在以后的比赛中经常获胜而确定了在国际摩托车市场的地位。后来，他又通过在标志着世界汽车最高水平的一级方程式汽车大赛中获胜的方式，奠定了自己在这一领域的地位。

与保守的东方人不同，本田宗一郎不相信人越老越精明。1973年，年届67岁的他决定退休。他谦虚地说：我太老了，已经没有能力领会新的技术。1991年8月5日，为世界汽车业留下了光辉一笔的本田宗一郎去世了。但他"三个喜悦"（购买的喜悦、销售的喜悦、制造的喜悦）的企业口号和"三个尊重"（尊重理论、尊重创造、尊重时间）的经营经验还会继续发挥其应有的作用。

12．饶斌（1913—1987年）

饶斌（见图5-66）是我国汽车工业的主要奠基人和杰出开拓者。他直接领导建成了第一、第二汽车制造厂等大型汽车工业基地，为我国汽车工业的创建和发展，改革开放和攀登国际先进技术高峰，做了许多开创性的工作，为我国新时期汽车工业的发展打下了基础，被誉为"中国汽车之父"。

1913年1月26日，饶斌出生于吉林省吉林市，祖籍江苏南京。1950年12月，苏联汽车厂设计专家组到北京考察，并和筹备组一起在长春市选定了厂址，该工厂定名为"第一汽车厂"。1952年12月，饶斌被任命为第一汽车制造厂厂长。在饶斌的带领下，"一汽"人艰苦创业，只用3年时间顺利完成建厂任务。1956年7月，第一辆"解放"牌4t载货汽车诞生了，从此结束了中国不能制造汽车的历史。

饶斌先后负责筹建了"一汽"、"二汽"，并组织上海与德国大众公司合作，为我国汽车工业做出巨大贡献。

1965年起，饶斌更是呕心沥血地领导了二汽的基本建设和设备安装。二汽筹建之初，饶斌根据一汽的经验，制定了建厂方针：坚持自力更生、自我武装，用"全国聚宝"的方

法，组织老厂包建新厂、小厂包建大厂。在一汽，他工作了 7 年，而在二汽，他一干就是 16 年。

1978 年，二汽提前 7 天完成了年产汽车 3 000 辆的任务，并在 1979 年被列为正式生产企业。这一年的 2 月，已经 66 岁的饶斌离开了二汽。

离开二汽后，饶斌并没有离开汽车，曾先后担任一机部副部长、机械委汽车工作组组长，1982 年出任新成立的中汽公司第一任董事长。这期间，他参与制定了许多重大的改革措施，实现了"汽车工业技术进步"、"结束产品几十年一贯制"、"汽车生产结构调整"等历史性的转变。

1985 年 11 月以后，从中国汽车工业总公司董事长的职位上退下来的饶斌，仍然为汽车业四处奔忙。

1987 年 7 月，饶斌为轿车的生产进行着筹划，研究轿车发展的事宜。时值盛夏，74 岁的饶斌顶着高温酷暑到上海大众进行调研。他特别注意引进新设备、新技术，对每台新设备都要了解它的优缺点，关注它的生产能力，在上海期间因突发脑溢血，抢救无效逝世。

13. 郭力（1916—1976 年）

郭力（见图 5-67）是中国汽车工业的创业者，为我国汽车工业做出了巨大贡献。

1950 年 2 月，中央重工业部设立汽车工业筹备组，4 月任命郭力为第三筹备组主任，时年 34 岁。

图 5-66　饶斌

图 5-67　郭力

1954 年年初，郭力带领 500 名实习生赴苏联学习。回国后，郭力挂帅抓生产，建立了以经济核算为中心的经济管理制度，庞杂而分散的生产准备工作被纳入统一规划、统一目标的轨道。在生产条件基本具备的情况下，郭力大胆采取迂回工艺，使试生产一举成功。1956 年 7 月，诞生了我国自制的"解放"牌汽车。而第一批"红旗"牌高级汽车在设计上的成功，更证明了郭力为"红旗"确定的设计原则的正确性。

1959 年年末，郭力又走上厂长岗位。面对被"大跃进"打乱的生产秩序和严峻形势，他做出了一系列后来均被实践证明是极其正确的重要决策，其中包括将工作的重点和主要力量有计划、有重点地转向企业整顿，使"一汽"由一度停产到恢复生产，逐步走上正轨，为后来年产 6 万辆汽车打下了牢固的基础。

1964 年 8 月，郭力赴北京，在原汽车工业局的基础上筹建中国汽车工业公司。借鉴国外经验，根据中国国情，主持起草了《汽车托拉斯的组建报告》。1965 年 1 月，郭力被正式任命为一机部副部长兼中国汽车工业公司总经理。

1976 年 2 月，郭力因病去逝，享年 60 岁。

课题三　汽车时尚

❖ 学习目标

1. 了解汽车俱乐部都有哪些；
2. 了解汽车电影、汽车广告、汽车音乐；
3. 掌握世界著名的汽车车展。

❖ 知识结构

课题三	目前世界上的汽车俱乐部的产生、发展的过程及世界上著名的汽车俱乐部
	目前汽车电影、广告、音乐的发展；世界著名的汽车车展

案例导入

如图 5-68 所示，一队迎亲的婚车车队，往往吸引人们的不是车队的豪华与否，不是车队中车型的新颖与否，而是它由二十几辆同款的轿车组成的车队，是谁有这样的能力同时召集到这么多的同款车型呢？

图 5-68　迎亲车队

基本内容

你知道吗？

早期的汽车俱乐部与现代的汽车俱乐部有哪些不同？

早期的汽车俱乐部主要通常采用报告会等形式，向会员传授汽车工程最新技术，通报汽车大赛动态，并为他们提供紧急救援和法律咨询服务，以保障机动车会员的各种合法权益。

现代的汽车俱乐部通过发挥规模效应和服务网络的优势，给会员车辆提供单车和小单位很难办到的一些服务，如驾照年审、安全学习、车辆转籍过户；汽车的日常维护、修理；汽车的

年检、事故处理；交纳车船税、办理车辆保险；汽车行驶途中发生的故障紧急救援等，从而给会员带来诸多方便和实惠。而俱乐部本身，也从会费中取得一定的收益。

一、汽车俱乐部

随着世界汽车工业的不断发展，汽车成了消费热点，同时各种各样的问题也暴露出来了，很需要一个专业的服务机构来为其服务。随着各种各样汽车相关行业迅速崛起，各种类型的汽车俱乐部也如雨后春笋般涌现出来。汽车俱乐部不生产具体的产品，它所提供的产品是一种服务。对于一个综合性汽车俱乐部而言，这种服务又分为生产型服务和生活型服务。生产型服务是指俱乐部为会员提供各种对车辆和车主本人的有关车辆的服务，它的目的是为广大会员解决在使用车辆的过程所产生的实际困难。生活型服务则是以会员为主体的各种休闲、娱乐和交友服务。汽车俱乐部是经营汽车文化的重要形式，它促使汽车文化越加繁荣丰富，对汽车消费也是一种很大的推动力量。

（一）汽车俱乐部的诞生

追溯俱乐部的历史，应回到1895年的美国，《芝加哥时报》在"车坛风云"专栏上发表了赛车运动员查尔斯·布雷迪·金格建议成立汽车俱乐部的一封信，成为车迷和驾驶员议论的热门话题。1895年11月1日，由《先驱者时报》主办的汽车大赛在芝加哥开幕，全国各地很多驾驶员都赶来参加比赛，组成一个类似"沙龙"的组织，这是世界上最早的汽车俱乐部雏形。1895年11月29日，美国汽车联盟召开第二次会议，选举产生委员会并通过了活动宪章，旨在利用举办报告会等形式，向会员传授汽车工程最新技术，通报汽车大赛动态，并为他们提供紧急救援和法律咨询服务，以保障机动车会员的各种合法权益。同年11月12日，法国汽车驾驶员成立了法国汽车俱乐部，总部在巴黎普拉斯·德罗佩拉大街4号。随后，欧美各国都相继成立了为车主和驾驶员服务的汽车俱乐部，使汽车融入了人们的交通生活。

（二）汽车俱乐部的发展

随着汽车的家庭化，越来越多的私家车主涌现出来。而汽车使用过程的复杂化，使车主遇到了许多问题，如驾照年审、安全学习、车辆转籍过户；汽车的日常维护、修理；汽车的年检、事故处理；交纳车船税、办理车辆保险；汽车行驶途中发生的故障等；这些问题困扰着车主。为了让广大车主从这些烦恼中摆脱出来，使有车的生活真正变得轻松，服务于驾车人士的汽车俱乐部不断涌现。

汽车俱乐部是以会员制的形式，将社会上高度分散的汽车组织到一起，通过发挥规模效应和服务网络的优势，给会员车辆提供单车和小单位很难办到的一些服务，从而给会员带来诸多方便和实惠，而俱乐部本身也从会费中取得一定收益。随着会员人数的增多，俱乐部服务的范围也在不断扩大，金融、保险、房地产、汽车生产厂都开始与俱乐部联系。

如今汽车俱乐部在发达国家早已盛行，并且形成一个非常大的行业。据统计，世界各国汽车俱乐部的会员总数至少2亿人，其中规模最大的当数美国，全美国9 000万驾车人中已有4 200万人成为会员。汽车俱乐部这个组织形式不仅创造了大量就业岗位，而且每年营业额也非常可观。

（三）汽车俱乐部的两大类型

世界各地的汽车俱乐部不计其数，成立的宗旨也多种多样，但就其成立组织的不同可分为两大类型：以厂商为主导的车主俱乐部组织和民间自发组织的汽车俱乐部。

1．以厂商为主导的车主俱乐部组织

为了强化用户对品牌的忠诚度，塑造品牌亲和力，各大汽车厂商都建立了各种各样的车主俱乐部。比较有名的有通用车主俱乐部、福特车主俱乐部等。

例如，通用车主俱乐部用户可以享受 24h 全天候的救援服务，即便故障车停在较远地区，俱乐部在提供拖车援助时也不另外收取费用。同时为了提高车主售后满意度，通用车主俱乐部还为用户提供派遣技术顾问的服务，以便用户更合理地安排维修保养时间。

通用车主俱乐部还将自己的服务范围扩大到了其他品牌上，当然他们首先满足的还是通用品牌的车主，同时俱乐部会员的配偶以及 21 岁以下的子女同样可以享受俱乐部的会员资格。

2．民间汽车俱乐部

比较著名的民间汽车俱乐部有美国汽车协会、德国汽车俱乐部、澳大利亚汽车俱乐部等。

1）美国汽车协会

美国汽车协会（American Automobile Association，AAA）成立于 1902 年，现有会员 4 800 万人，是世界上最大的汽车俱乐部。在美国道路上行驶的所有轿车中，AAA 的成员占 20%之多。

AAA 的服务主要为会员提供路边帮助，实施信息咨询，为会员提供金融和保险服务等。另外，AAA 还参与评定五星级旅馆和饭店，是美国旅馆和饭店的权威评审机构之一。此外，AAA 还促进了拉力赛和其他一些汽车竞赛，以显示各型新车的可靠性。

AAA 的服务理念是认人不认车，不管是新车、旧车，自己的车还是朋友的车，只要会员在现场，就可以享受服务，这样的服务理念是许多汽车俱乐部所不能及的。

2）德国汽车俱乐部

德国汽车俱乐部全称是"全德汽车俱乐部"，其德语的缩写为 ADAC。全德汽车俱乐部成立于 1903 年，至今已经有 100 多年的历史，截止到 2004 年年底，该俱乐部会员总人数已超过 1 500 万，会费收入则高达约 5.2 亿欧元。全德汽车俱乐部目前已成长为德国非常有影响力的一家会员制服务性机构，服务范围包括交通故障救助、交通事故处理、租车、旅游、保险等各个方面。除此之外，全德汽车俱乐部经常对各种车辆的整车性能、轮胎、配件以及与道路交通有关的各种设施，如桥梁、隧道、工地等进行测试，并以各种方式及时向自己的会员进行通报并对外发布。

3）澳大利亚汽车俱乐部

澳大利亚汽车俱乐部创建于 1905 年，目前已发展会员近 600 万人。澳大利亚有 7 个国营的汽车俱乐部，每年提供 537 万次道路紧急救援服务。从 1991 年起，全国统一启用提供道路服务的单一号码系统——13111，随时沟通待援者与救援中心的联系。救援服务除对在路上或家中发生机械故障的汽车提供帮助以外，还提供更换车轮、陷入沼泽、塞车、油料耗尽等服务。在澳大利亚，平均每个会员每年有一次要求提供救援服务。由于澳大利亚汽车俱

乐部具有良好的财政基础，由训练有素的工作人员提供出色的服务，采用先进的技术，给会员提供适合其要求的高标准产品，因而取得了成功。

4）中国汽车俱乐部

我国汽车俱乐部起步和发展相对发达国家落后，直到 1996 才成立了第一家借鉴欧美会员制运行模式的汽车俱乐部——大陆汽车俱乐部。随后许多救援类俱乐部纷纷成立，但由于盲目发展，业务重复，同行竞争激烈，许多俱乐部被迅速地淘汰出局。但是私家车的发展，经过几年的摸爬滚打，俱乐部在 1999 年后开始稳步成熟，这意味着方兴未艾的汽车俱乐部业将是一个蕴藏无限商机的新兴产业。

中国目前的汽车俱乐部形式多样，主要可以划分为以下类型：一是为车主提供具体服务为主的，以救援为龙头，并带动相关售后服务的，如北京的大陆汽车俱乐部。二是专门作售后服务的，如武汉的绿岛汽车俱乐部。三是与文化、沙龙以及公益活动相结合，带有一定协会性质，如在民政部门注册成功的北京爱车俱乐部。四是以旅游、越野、赛车等兴趣或职业特征为主的，如风鸟汽车俱乐部、摄影家汽车俱乐部等。五是以企业、品牌等来设立的俱乐部，如法拉利汽车俱乐部、大众俱乐部。当然，还有集上述特色于一体的综合性俱乐部，不少大型俱乐部在尝试这种模式。前面提到的由二十几辆同款轿车组成的婚庆车队的组织、召集就可以由汽车俱乐部完成。

二、汽车与电影

汽车改变了人们的行进速度，使"日行千里"成为现实；而电影则作为全新的艺术形式，改变着人们的精神世界。汽车与电影，这两个 19 世纪最伟大的发明，对人类的生活产生了巨大的影响，而他们年龄相仿、品貌相当，所以自诞生以来总是藕断丝连地纠缠在一起。

奥迪汽车可谓动作电影的银幕常客。在《谍中谍Ⅱ》和《律政俏佳人 2》中，奥迪 TT 让世界惊羡；在《冷血悍将》的飚车场景中，奥迪 S8 独领风骚；在《惊爆内幕》中，奥迪 A4 闪亮登场；在《天蛾人的厄兆》中，奥迪 A8 4.2 出尽风头。就连国内热门的连续剧《我的青春谁做主》中，清一色的奥迪，也给当代的青年才俊树立了一个奋斗的目标。

宝马汽车可以说是詹姆斯·邦德的专属座驾，每当一部新的 007 电影在上映前做宣传时，影迷们都尽其所能地猜测邦德会开什么车。这位从未尝试过失败滋味的世界顶尖间谍詹姆斯·邦德，在《黄金眼》（1995）中，他驾驶的是一部宝马 Z3 跑车；在《明日帝国》（1997）中，他有一部宝马 750iL 豪华车和宝马 R1200C "巡游者"摩托车；而在《末日危机》（1999）中，他心爱的坐骑是宝马公司的 Z8。

在宝马的集团范围内，MINI 是一个独特、独立的品牌。诞生于 1959 年的 MINI，设计别树一格。1961 年赛车工程师 John Cooper 将赛车血统注入汽车性能内，使实用别致的小车摇身变成赛车场上的传奇，自此成为英国车坛之宝。2003 年的《偷天换日》又在全球掀起了一股 MINI 热。在片中 MINI 出色的运动性，良好的转弯能力，都给人们留下了深刻的印象。

法国标致汽车公司是世界十大汽车公司之一，是法国最大的汽车集团公司。吕克·贝松监制的电影 Taxi 系列把标致汽车诠释的尽善尽美。在电影中一辆普通的标致 406，可以上

天，可以滑雪，在丹尼尔的驾驭下这辆标致 406 就像有了生命一样。片中大量的飞车镜头，以及酷酷的外形，再加上幽默的对白，让整部电影都具有很强的娱乐性。在新一集的 Taxi 中，虽然汽车换了，从标致 406 换成了标致 407，但是整体的风格没有任何变化，夸张的车身使一部原本斯斯文文的 407，在加上特制的大包围后，比参加 WRC 的赛车还要凶猛……

俗话说：好马更需好骑手。好车也是一样，前车王塞纳是一个为车生、为车死的天才；舒马赫时代也已经过去，现在是阿隆索、汉密尔顿，还是巴顿，这还需要时间的证明。但是电影中的飙车王、赛车手却永远都是车迷心目中的英雄，这里面有史泰龙、成龙、周杰伦、范·迪塞尔、保罗·沃克等。这些电影中的车王，让人们记住了各种名牌靓车，人们被他们高超的车技所折服。这些车手、这些汽车，只是电影海洋中的一朵浪花，电影捧红了汽车，汽车为电影增色，它们之间总有着千丝万缕的关系，坐享其成的却是车迷影迷们。

三、汽车与广告

汽车广告可以反射出汽车企业及品牌的自我定位及民族文化方面的差异。透过汽车广告语，可以看到社会的文化背景、品牌的形象和生活态度。早有人断言，当今汽车闯荡市场时，必须备好三件东西：一副好身板，一个好名字，一条好广告语。

汽车广告的立足点是企业。做广告是企业向广大消费者宣传其产品用途、产品质量，展示企业形象的商业手段。在这种商业手段的运营中，企业和消费者都将受益。企业靠广告推销产品，消费者靠广告指导自己的购买行为。不论是传统媒介，还是网络传播，带给人们的广告信息都为人们提供了非常方便的购物指南。

汽车相比其他商品具有高附加值的特性。广告牌可以突出整车独有的高档商品非凡之气势；电视可以表现其与众不同的车型和动力性能；报纸、期刊则能够详细介绍车辆的油耗、发动机排量和相关配置。汽车是一个适应性比较全面的大宗商品，它能给予企业的广告策划者发挥巨大的想象力空间。

汽车广告宣传语作为汽车推向市场的敲门砖，其作用当然是不可估量的。不同的广告语后面体现着不同的蕴意，如美国的汽车广告语体现着美国的汽车文化，它已经将汽车文化深深地根植于美国人心中，它告诉美国人：汽车远不止是一个交通工具，汽车能够赋予他们一切。"你的世界，从此无界"是福特的广告语；　"你买车不考虑一下我们克莱斯勒，那你就吃亏了——不但你吃亏，我们也吃亏"是克莱斯勒的广告语。有的广告语体现着汽车的品牌，如代表尊贵的劳斯莱斯，代表稳重富裕的奔驰，代表财富与活力的宝马，代表粗犷可靠的福特，等等，这些品牌文化极容易被大众认同。新产品更容易被接受，而且真正与众不同，不易被模仿，这想必是汽车巨头们百年不衰的法宝之一。"驾乘乐趣，创新极限"是宝马的广告语；"领导时代，驾驭未来"是奔驰的广告语；"车到山前必有路，有路必有丰田车"是丰田的广告语。有的广告语体现着汽车先进的科技，试图通过科技这一不同寻常的卖点来打动消费者的芳心。"领先科技的全球轿车，让生活乐在新风"是威驰车的广告语；"外在动人，内在动心"是飞度车的广告语。还有的广告语体现着人们的时尚生活，以期用不同的消费时尚吸引人们的眼球，如奇瑞 QQ 的"秀我本色"，赛欧的"Easy 生活、轻松赛欧"。

虽然汽车广告语多数仅仅只有几个字，但却表达了汽车最核心的东西，因此，这也更容

易打动消费者。一条好的汽车广告宣传语,不但能深入人心,同时,对打开市场、扩大销量也有着极其巨大的作用。一句与消费者价值观产生共鸣的广告语,将会被消费者接受,增强消费者的好感,使其所代表的品牌为消费者所熟知,进而达到品牌和形象的传承。

四、汽车与音乐

汽车和音乐,人类两个不可或缺的重要元素。从一开始,它们就注定要被联系在一起。两者有太多共同语言,这让人很难判断到底是汽车承载了音乐的飞扬,还是音乐成就了汽车的奔放。汽车与音乐形影不离,它们是朋友更是恋人,只有相似相融才能浑然一体。

汽车音乐(歌曲)最早起源于欧美汽车发达国家,流行于 20 世纪 70 年代,随着科技的发展,最先大都应用在汽车行业,尤其是高级轿车上。音乐伴随着人们繁衍生息,音乐也同样走进了人们的汽车生活,伴随着开车的人们。

汽车和音乐都代表着一个时代的发展进程,体现着人们的审美追求。汽车不但具有华丽的外表,更注重细节的精致;音乐则追求在丰富的音阶间找到打动人心的一点。汽车可慢可快,来去自由;音乐可缓可急,游刃有余。汽车被赋予了太多的种类,每一类都有不少追随者;音乐同样被划分为多种类别,各类都有忠实的拥护者。汽车和音乐的最大相似处在于它们对速度的追求与对自由的渴望,而它们所希望达到的目的则是对以往经历的释怀,保持生命的坦然。

在车中听音乐已然成为一种时代需求,随着人们在汽车上停留时间的增多,汽车逐渐变成了音乐最流行的舞台。尽管车内空间相对较小,但音乐迷对音质的要求却不断提高,众多要求高质量音质的有车族早早对汽车音响系统进行了改装,有的甚至将后备厢改造成音响专区,效果不言而喻。封闭的空间令音乐的饱和度大为提高,这也是将音乐的质感发挥到极致的有效保证。

随着中国汽车市场的发展,中国人对汽车音乐的热情也开始慢慢升温,这首先表现在汽车音响的改装上。汽车音响改装以 70.8%的高普及率先位居汽车文化消费榜首。而在进行汽车音响改装的消费者中有 90%以上的人表示进行汽车音响改装主要是为了能在开车时更好地享受音乐,在开车时听音乐能让枯燥的驾驶变得更有乐趣,也同时可以减轻疲劳,集中精力。

受国家汽车工业发展实况与国民音乐修养的局限,中国的汽车音乐文化还处于刚刚起步阶段,远不及欧美汽车音乐文化专业。或许无法预测汽车音乐究竟什么时候才能够真正成熟,但是我们可以看到它的勃勃生机和强有力的生命力。

你知道吗?

世界五大著名车展是哪些?

德国法兰克福国际车展、法国巴黎车展 、瑞士日内瓦车展、北美车展(原美国底特律车展)和日本东京车展是世界五大著名车展。

五、汽车车展

汽车展览会带来更多的概念车型、新车型、汽车展会风格和文化氛围,让人们感受到世

界汽车工业跳动的脉搏。汽车展览是汽车制造商们展示新产品的舞台，在流光溢彩的样车背后，是汽车制造商们为在汽车市场上争夺市场份额而进行的殊死较量。

（一）车展的历史及发展

法国是汽车的发源地，第一次车展也是在法国举行的。1898 年，在法国汽车俱乐部的倡议下，第一次国际车展在巴黎的一个公园举行，大约 14 万名游客前来参观，232 辆汽车往返在巴黎与凡尔赛之间，汽车成了公众瞩目的焦点。从此以后，汽车车展在各地蓬勃发展。

随着车展经历了一个从无到有，从小到大的过程，它已经深入人心，开始为广大购车人和汽车厂家所接受，日益发挥出对汽车企业抢占国内市场和争夺国际市场的推动作用。现在，各大汽车厂商都看好车展在争夺市场份额中所起到的作用，不惜重金出击，纷纷试图让自己的车型成为车展的一大亮点，力求自己的车在车展上大放异彩。他们纷纷加强展台布置，在车模、车型上重磅出击，力求取得好的效果。国内外厂家都看好车展是一个非常好的宣传自己的有效手段。现在参展的车型不断增多，汽车厂商纷纷在这个时间段里，要么推出概念车，要么将大量新车面市！他们都看好这是一个切入市场的大好时机。

车展发展到今天，形成了著名的德国法兰克福车展、北美车展（原美国底特律车展）、瑞士日内瓦车展、法国巴黎车展和日本东京车展等五大国际一流车展。它们之所以成为国际一流车展，一是参展商的规模和级别一流；二是展品档次和首次亮相的新车、概念车一流；三是场馆面积和配套设施一流；四是主办方服务质量一流；五是国内外记者范围、观众数量和专业水平一流。人们都说巴黎时装展是世界一流的时装，是因为它代表了世界时装业发展的潮流；五大国际车展之所以世界知名，也是因为它们代表了世界汽车工业发展的潮流。另外，这五大车展也各有自己的特点，比如，法兰克福车展作为汽车工业的发源地之一，尤其重视传播汽车的文化性；日内瓦所在的瑞士虽然没有自己的汽车工业，却可以为各大汽车厂商提供公平竞争的舞台；北美车展则充满美国人的娱乐精神，吃喝玩乐无处不在，一应俱全；东京车展上众多匪夷所思的"概念车"和最新科技的展示也是吸引观众眼球的卖点。

五大汽车车展中，历史最短的东京车展也在 50 年左右。撇开带给汽车爱好者和观众们的激情与快乐，这些车展对世界汽车工业与汽车市场的发展起到了极大的推动作用，在世界汽车历史长河中有着不可磨灭的功绩。

最初，汽车车展扮演了普及汽车知识和推动汽车工业发展的角色，汽车也从一开始仅是少数人的奢侈品变为被大众所接受的交通工具。现在的汽车车展不仅仅是一个人们可以参观全世界车型的盛会，也是整个汽车行业专家的集会场所。

（二）五大国际车展

1．德国法兰克福国际车展

法兰克福车展前身为柏林车展，创办于 1897 年，1951 年移到法兰克福举办，每年 9 月举行，轿车和商用车轮换展出。法兰克福车展是世界上规模最大的车展，有"汽车奥运会"之称。它是五大车展中技术性最强的，被誉为是最安静的车展。

法兰克福车展每两年举办一次，每次为期两周左右。作为世界五大车展之一，法兰克福车展的参展商家也包揽天下，但主要来自欧洲、美国和日本，尤其以欧洲汽车商居多。法兰

克福车展的服务细致而周到，符合德国人一贯滴水不漏的办事作风，人们不仅可以看到百年"老爷车"和光彩夺目的新车，还可以观看新车表演和国际赛事实况转播，并可获得汽车发展史、技术性能、安全行车、环保节能等多方面知识。

2．法国巴黎车展

在 1898 年 6 月，首次举办巴黎车展，自 1923 年开始，车展改在每年 10 月的第一个星期三举办，这一惯例一直延续到今天。1976 年起车展定为两年举行一次，到 2008 年已举办了 78 届。作为浪漫之都的巴黎，它的车展总能给人新车云集、争奇斗艳的感觉。充满时尚是具有历史悠久的巴黎车展的突出特点。

世界各大巨头总喜欢将最先进的技术产品放在巴黎露面，而两年一届的巴黎车展，也是概念车云集的海洋，各款新奇古怪的概念车常常使观众眼前一亮。

3．瑞士日内瓦车展

日内瓦车展起始于 1905 年，正式创办于 1924 年，1926 年起由非正式协会主办，1947 年协会改组为国际车展基金会，1982 年起由政府出面创办的 Orgexpo 基金会主办。从 1931 年起，每年 3 月在日内瓦举行，在第二次世界大战期间停办 7 年，截至 2009 年，已举办了 79 届。相比其他车展，日内瓦车展是世界五大车展中最热闹的、最受媒体关注的车展，被誉为"国际汽车潮流风向标"。

日内瓦车展历来推崇技术革新和偏重概念车，在世界五大车展举办国中，唯有瑞士目前没有汽车工业，因而日内瓦车展以其"中立"身份赢得最为"公平"的形象。豪华车和概念车仍是日内瓦车展上最耀眼的明星。

4．北美车展

北美车展的前身是原美国底特律车展，始于 1907 年，是世界上历史最长、规模最大的汽车展之一，由底特律汽车经销商协会主办。1989 年，底特律车展更名为北美国际汽车展，在每年一月份举办。

北美车展是概念车的天下，几乎全球所有的著名汽车公司都会利用这个平台推出自己的概念车，各种新奇百怪的设计、各种你所想到的甚至是想不到的创新理念，在底特律车展上都能看见，因此难免给人离奇、怪异的感觉。概念车体现的是厂家的设计能力和创新意识，而不是量化生产的能力，因此概念车是体现厂家理念和意识的"风向标"，北美车展也因而成了各大厂商"斗法"的舞台。作为美国汽车市场的传统烙印，北美车展基本上是日本、美国车的天下。

5．日本东京车展

东京车展是五大车展中历史最短的，创办于 20 世纪 50 年代，单数年为轿车展，双数年为商用车展，是亚洲最大的国际车展，被誉为"亚洲汽车风向标"。东京车展对于世界汽车市场有较深的影响，对于亚洲汽车市场更有着重要的意义。

东京车展历来是日本本土生产的各种千姿百态的小型汽车唱主角的舞台，这也是与其

他国际著名车展相比最鲜明的特征。同时各种各样的汽车电子设备和技术也是展会的一大亮点。

（三）发展中的中国车展

在改革开放以来，中国的汽车业大力发展，汽车正进入寻常百姓家，成为人们日益离不开的伴侣。国内外的汽车厂商，更视中国为巨大的汽车市场，车展也得到迅速发展。

1．上海车展

虽然中国汽车的历史很短，但上海车展已走过了 20 多个年头。20 年的变迁，上海车展见证了中国汽车迈出的每一个坚实的脚印。时至今朝，上海车展已成为中国第一个被 UFI（国际博览联盟）认可的汽车展。从 1985 年首届上海车展以 73 家参展商、1.5 万平方米展台面积起家，到现在上海国际车展上几十个国家和地区上千家厂商踊跃参展，展出面积十多万平方米，20 多年的发展见证了上海车展的成功与辉煌。

2．北京车展

1988 年，第一届北京车展只有 240 辆展车，其中很大一部分还是特种工程用车和客车，参展企业当时只有 400 家，展出面积为 2 万平方米，观众 10 万人次，而当时报道车展的记者更是只有 50 名。到 2010 年北京国际汽车展览会历时 10 天，参观人数累计达 78.56 万人次，创下中国历次车展之最。除了参观人数，本届车展实现了展示车型 990 台，首发车 89 台，发布新能源车 95 台。另外，在展览面积、全球高管参与程度、媒体报道等方面也有所突破。2010 年，北京车展首次在中国国际展览中心新、老两个展览场地同时举行，共使用 19 个室内展馆，加上在新国展的部分室外展场，展出总面积近 20 万平方米，为北京车展历届最大规模。全球共有来自 48 个国家 200 多家新闻机构的 1 100 名记者参与报道本次车展。这些都标志着北京车展已经跻身中国乃至世界车展行例。

3．广州车展

广州国际汽车展览是国内仅次于北京和上海的第三大车展。2003 年，首届中国广州国际汽车展在琶洲国际会展中心拉开了帷幕，第一届广州车展还只是一个小型地方性的汽车交易展览会，参与者多是华南地区的经销企业，展出车辆只有 240 辆，而且没有一辆概念车。但仅两年后，第三届广州车展总展览面积就超过了 8 万平方米，参展车辆和记者人数都增加了一倍，概念车的数量更是达到 15 辆。到 2009 年第七届广州汽车展首次使用了中国进出口商品交易会琶洲展馆 A 区全部 13 个展馆及 B 区 2 个展馆，展出总面积达 15 万平方米，与上届相比增长 11%。其中，乘用车、商用车展区展出面积为 10 万平方米，汽车零部件、汽车用品及室外展区为 5 万平方米。前来参展的企业包括近 70 家整车制造商、600 余家汽车零部件及汽车用品生产商，展出车辆 720 余台。展会期间共 48.3 万人进场参观，比上届增长了 3.3%，创历史新高，其中专业观众日参观人数增幅较大。第七届广州汽车展共有来自 1 452 家媒体的 5 048 名记者与会进行宣传报道，与上届相比分别上升了 142% 和 26%，其中海外媒体 70 家。

目前，北京车展已经被各大厂商列为国际 A 级车展予以高度重视，而上海和广州也成为国际国内厂商亲力参与的主要车展。

4．其他国内车展

在国内的车展中，除隔年举办的北京、上海、广州车展是国内最有影响力的三个 A 级车展外，大部分省会城市如长春、成都、昆明、重庆、南宁、贵阳、长沙等地的车展往往被车企视为 B 级车展。而一些经济规模小的三线城市也在举办 C 级车展，一般由当地的经销商参展。

如果说世界级车展甚至是中国三大一线城市车展定位全球，角逐国际地位，主要以显示研发能力、展示高深技术、引领发展潮流为主题的话，地方车展则更体现中国特色：以市场为导向，市场为大。他们紧扣中国区域市场的消费特点，实实在在地转化为各地的实际销售。"哪里有市场，哪里就有地方车展"。地方车展红红火火，深刻解读中国汽车市场，如同一颗威力强大的磁石，将政府政策和区域个性完美融合并紧紧吸附于其上，中国车展力量，彰显无遗。

课题四　汽车运动

❖ 学习目标

1．了解汽车运动的起源；
2．了解汽车运动主要的组织机构。

❖ 知识结构

课题四	汽车运动的起源
	汽车运动主要的组织机构

案例导入

F1 汽车赛（见图 5-69）如今已经成为人们非常关注的汽车赛事，那么你知道最早的汽车运动起源于哪个国家吗？

图 5-69　F1 汽车赛

基本内容

一、汽车运动的起源

"赛车"一词来自于法文的"Grand Prix"，各种各样的汽车比赛被统称为汽车运动，指的是汽车在封闭的场地内、道路上或者野外，进行速度、驾驶技术和性能的运动项目。

1887 年 4 月 20 日，法国的《汽车》杂志社主办了世界上最早的汽车竞赛。但是参赛的只有 1 个运动员：乔尔基·布顿，他驾驶着 4 人座的蒸汽汽车从巴黎沿塞纳河畔跑到了努伊伊。在 1888 年，法国《汽车》杂志社又一次举办了车赛，赛程从努伊伊到贝尔塞，全长20km。结果，驾驶着迪温牌三轮汽车的布顿获得了冠军，第 2 名也是最后一名是驾驶塞尔波罗蒸汽汽车的车手。

1895 年 6 月 11 日至 14 日，法国汽车俱乐部和《鲁·普奇·杰鲁纳尔》报联合举办了世界上最早使用汽油汽车进行的长距离的汽车公路赛，赛程从巴黎到波尔多往返，全程长达 1178km，总共有 23 辆车参赛。此次比赛中获得冠军的埃米尔·拉瓦索由于犯规被取消获奖资格。比赛规定赛车上只允许乘坐 1 人，但是他的车上乘坐了 2 个人，所以，落后很远的凯弗林得了冠军。在此次参赛的 23 辆车中，坚持跑完全程的有 8 辆汽油车和 1 辆蒸汽车，第一名到第七名全是汽油车，因此，汽油车大获全胜。

1900 年 6 月 14 日，举行了世界上最早的国际汽车锦标赛："格顿·贝纳特杯"汽车赛，赛程从巴黎至里昂。来自法国、美国、德国和比利时的选手，分别驾驶 5 辆汽车参赛，但跑完全程的只有 2 辆。法国人夏伦以 62km/h 的速度，获得这次锦标赛的冠军。

知识链接

法国的勒芒于 1905 年举行了一次真正意义上的场地汽车大奖赛。自此之后，汽车大奖赛成为世界体育舞台上的一项非常重要的赛事，小城勒芒也因此闻名于世。

二、赛车组织机构

1. 国际汽车运动联合会

国际汽车运动联合会简称国际汽联（FIA），成立于 1904 年 6 月 10 日，现有协会会员 117 个。目前属于国际奥委会临时承认的国际单项体育联合会。国际汽联总部设在巴黎，于 2009 年移至瑞士苏黎世。中国汽车运动协会于 1983 年加入国际汽联。

2. 中国汽车运动联合会

中国汽车运动联合会（Federation of Sport of China，FASC），是具有独立法人地位的全国性的体育社会团体。中国汽车运动联合会的前身是中国摩托车运动协会，1975 年成立于北京，1979 年加入国际摩托车联合会，1983 年加入国际汽车运动联合会。中国汽车运动联合会的主要任务是负责全国汽车运动的业务管理，组办国内外汽车比赛和体育探险活动，指导群众性活动，培训运动员、教练员和裁判员，参加国际交往和技术交流。这

是中国境内管辖汽车运动唯一的全国性组织。

中国汽联理事会是中国汽车运动联合会的最高权利机构，实行会员选举制，设有主席、副主席、秘书长以及副秘书长若干人。日常工作在秘书长的领导下由下设的办公室、外事联络部、运动竞赛部和教练员委员会、裁判员委员会等办事机构进行。

课题五　精彩的汽车赛事

❖ **学习目标**

1. 了解汽车赛事的种类；
2. 了解各类汽车赛事的基本内容。

❖ **知识结构**

课题五	汽车赛事的种类
	各类汽车赛事的基本内容

问题导入

你知道现在世界上有哪些重要的汽车运动赛事吗（见图 5-70 和图 5-71）？

图 5-70　F1 赛车　　　　　图 5-71　越野拉力赛

汽车比赛的类别取决于诸多的因素，如车型的不同，比赛的场地和路面的不同，路线的不同等。随着汽车运动的不断发展，其种类也越来越多，主要有方程式汽车赛、汽车拉力赛、勒芒 24h 世界汽车耐力锦标赛、卡丁车赛和美国印第 500 英里汽车大奖赛等。

一、方程式汽车赛

方程式汽车赛属于汽车场地赛。第一场汽车场地赛于 1905 年在法国举行。为了使比赛公平化，以及安全和汽车技术发展的需要，赛车必须按照国际汽车联合会制定的车辆技术规则规定的程式制造，包括车体结构、长度和宽度、自身的质量、汽缸数量、油箱容量、电子设备、轮胎的距离和大小等。于是就有了"方程式"（Formula）的概念，称为方程式汽车赛。

方程式汽车赛有三个级别。

三级方程式，简称 F3。比赛规定的气缸容积为 2L，1.24×10^5W，发动机的功率为 125kW。

二级方程式（见图 5-72），简称 F2。比赛规定的气缸容积为 3L，3.49×105W，发动机的功率为 350kW。

一级方程式（见图 5-73），简称 F1。比赛规定的气缸容积为 3.5L，4.78×105W，1992年提高到 5.73×105W，发动机功率为 440～515kW。世界第一场一级方程式车赛于 1950 年 5 月 13 日在英国举行。

图 5-72　F2 汽车赛

图 5-73　F1 汽车赛

方程式汽车赛是各国汽车展示其魅力的机会，所以，各大汽车制造商都努力加入各种车队。目前，世界上大约有 20 余支实力雄厚的 F1 车队，多属英、法、意三国所有。著名车队有意大利的法拉利车队、英国的本田万宝路车队等。方程式赛车通常由著名汽车厂研制。一辆 F1 赛车的造价高达上百万美元。车手们必须持有国际汽车联合会（简称 FIA）签发的"超级驾驶员驾驶执照"，全世界拥有这种执照的人每年不到 100 名。一级方程式汽车赛是方程式汽车赛中的最高级别。

（一）F1 的主体

F1 的所有活动都是围绕各个车队展开的。车队往往有大的汽车厂商支持，一个车队相当于一个完整的科研机构或公司，有人专门负责赛车的研发；有人负责接洽赞助商筹措资金；有人负责宣传推广；有人负责卖东西，只不过卖的不是 F1 赛车而是车队的纪念品……一个车队有几百名员工，每一名员工都是各自领域的专家。车队是一个团队，F1 文化的核心之一就是团队文化，团队力量发挥的好坏直接决定车手的成绩。比赛时，维修站里戴着耳机看电视的几个人是这个团队中除了车手之外的核心层，他们是首席比赛工程师、两名车手的比赛工程师、赛车的底盘技术主任、车队经理、车队运营总监、试车手的赛道工程师及车队的副总裁。

（二）赛手

每个车队比赛时都有两名赛车手参加比赛。F1 车手是这个世界上的"稀有动物"，全世界找不到哪项著名的运动只有几十人有资格参加。研究表明，F1 车手的反应速度并不比一般人快很多，但智商要高出大多数人，高水平职业车手的智商超过普通人智商的 90%。据科学测算，WRC（世界拉力锦标赛）世界冠军柯林·麦克雷的大脑可以同时处理 33 个信息，驾驶 F1 比 WRC 更复杂，因为 F1 方向盘上的功能按钮更多，车手还需要盘算进站战术，耳机中不断传来车队指令，车手还得与近在咫尺的对手争抢弯道……

（三）赛车

世界上最快的 F1 汽车赛到底有多快？2003 年 12 月舒马赫驾驶法拉利 2003-GA 与著名

的欧洲战斗机"台风2000"进行了三场比赛。结果表明,在起步到前200m的距离之间,舒马赫的法拉利2003-GA占据一定的优势。F1赛车另一个特点就是贵,谁也说不清楚F1赛车到底有多贵,因为这是各车队的最高机密。但如果不将研发与测试的费用算在内的话,单以材料与技术来估算,可以大概算出一辆F1赛车值多少钱,一辆不含备用零件的F1赛车,大概需要750万元人民币。法拉利车队一年需支付1 510万美元用于风洞试验,全队800人努力工作1年,车队耗资4.438亿美元,为的仅仅是将赛车平均圈速提高0.5~1s。F1排斥任何美学元素,车身绝无华而不实的设计,一切都为提高车速而制定,F1永恒不变的真理是:"快"才意味着"美"。

(四)赛道

单位面积最贵的路面根据赛场的不同,F1比赛分为街道赛和场地赛。目前,F1全年总共有18个分站赛,也就意味着全球有18个赛道参与F1比赛。意大利米兰附近的蒙扎赛道就是著名的街道赛,被称为"巷战"。没有比赛时,这个赛道就是正常的公路,每当F1赛季来临,整条公路就会被封闭专门用做F1比赛。而上海国际赛车场的场道,可以说是迄今为止科技含量最高的一条赛道,也是最年轻的F1赛道。由于上海属于冲积平原软土地基,在这样的地基上建造高标准的F1赛道,世界尚无先例。F1比赛时赛车最高时速超过300km,加上"上"字造型的赛道宽仅为13~20m,拥有14个不同的转弯半径和9种不同组合,路面高程最大落差达12m,更是加大了工程的难度,因此,仅一期投入就达26亿元人民币。不仅是"上"字造型赛场,其他F1赛车场造价也是非常高的。

二、美国印第500英里汽车大赛

印第500英里大赛是美国方程式锦标赛的一场,不过它又是一场独立的赛事,就好比欧洲世界耐力锦标赛中的勒芒24h大赛一样。这个大赛是美国车坛最重要的赛事,奖金最高,现场观众也最多。美国赛车手希望赢得印第大赛的冠军,比赢得美国方程式锦标赛还要重要。印第大赛不仅仅是美国赛车界参加,欧洲赛车界也十分地重视。美国赛车手强调,印第大赛的弧形绕圈比赛,其技巧和战略与欧洲的跑道式车赛不同。

印第大赛的赛道分为4类:市区内非固定性跑道、传统的公路跑道、固定的椭圆形跑道,以及超级椭圆形高速跑道。印第500英里大赛的跑道就属于超级椭圆形高速跑道。

想一想

印第车赛(见图5-74)与F1车赛(见图5-75)有什么异同呢?

图5-74 印第车赛

图5-75 F1车赛

印第车赛与 F1 车赛相比较，从外表看来很相似，但实际有很大的不同。F1 车赛采用的是排量 3000mL、10 个气缸、不增压的自然吸气式发动机，使用的是无铅汽油作为燃料。印第车赛则是采用排量为 2 650mL、8 缸以下的涡轮增压发动机，使用不容易挥发的甲醇作为燃料。而且，印第车赛中赛车的右边车轮直径大于左边车轮直径。

印第赛车比 F1 赛车略重 700kg，而且比 F1 赛车大，且结构简单，但这并不意味着它比 F1 慢。印第赛车能在多种赛道上行驶，前后翼子板、整个空气动力学外壳（包括发动机罩）、悬架装置，在不同的赛场比赛时都大有不同。

F1 赛车可以使用主动式悬架、防抱死制动装置、离合器操纵系统，还可以采用半自动的换挡装置。但在印第赛车上这些装置都不允许使用。

三、勒芒 24h 耐力锦标赛

勒芒（Le Mans）位于法国巴黎西南约 200 km 处，是一个约有 20 万人口的商业城市。这座小城之所以能够举世闻名，主要是因为自 1923 年起（1936 年以及 1940—1948 年除外），每年 6 月都要举行被称为最辛苦、最乏味的单项赛事——勒芒 24h 耐力锦标赛（见图 5-76）。赛道把当地的高速公路和街区公路封闭成一个环形路线，单圈长为 13.5km，使用沥青和水泥路面。比赛一般从第一天下午 4 点开始，一直持续到第二天下午 4 点，历时 24h。

图 5-76 勒芒 24h 耐力锦标赛

勒芒大赛对于车手来说，是一个极大的考验，FIA 规定每辆赛车只允许 2 名车手轮流驾驶，每人连续的驾驶时间不得超过 4h，主车手总的驾驶时间不得超过 14h。尽管勒芒汽车大赛危险重重，但由于它是世界上最重要的比赛之一，同时这项比赛给车手们的分数相当于其他世界锦标赛的 3 倍，因此不断吸引着越来越多的赛车手前来参赛。

综观勒芒大赛的历史，前 58 届的冠军都被欧美车手垄断。1991 年第 59 届比赛中，杀出一匹黑马——马自达。装有转子发动机的 3 辆马自达赛车全部挤进前 10 名，其中 55 号车马自达 787B 一举夺魁。

这届比赛结束以后，FIA 做出决定：从 1992 年开始，除排量 3.0L 以下的活塞发动机赛车以外，装其他发动机的赛车不准参加勒芒 24h 赛。装有转子发动机的马自达 787B 刚夺取冠军就要被排斥在比赛之外。至此，在这项大赛中努力奋斗过十几年的马自达转子发动机，以其辉煌的成绩为自己画了一个漂亮的句号。

由于勒芒耐力赛是全世界各种耐力赛时间最长的且选手驾车在同一环形赛道上不停转 300 多个圈的比赛，比赛显得单调乏味。无论是车手、观众、维修人员，在下半夜都会非常疲惫。大多数观众带着露营车或帐篷来观战。观众最多的一次是在 1971 年的比赛，人数达到 30 多万。赛场周围设有餐饮、娱乐以及休闲的场所，销售仿制的各大车队服装、帽子的

商铺到处都是，车迷们在这里就好比过节一样。观众可以一边在餐厅用餐，一边享受着窗外时速高达 300 km 的赛车飞驰而过，这也是世界上独一无二的风景。

同样性质的比赛还有日本铃鹿（Suzuka）8h 耐久赛。

四、汽车拉力赛

Rally 汽车拉力赛——本意是恢复健康和力量（见图 5-77），就是在一个国家内举行或者跨越国境举行的多日、分段的长途汽车比赛。比赛的路面既有平坦的柏油公路，也有荒山野岭的崎岖山路。比赛时，路线上不断绝其他车辆通行，限定参赛汽车每天行驶的路程及到达时间。路线上设检查站，检查赛车是否在规定时间内通过，这是一种既检验车辆性能和质量，又考验驾驶员技术的比赛。参赛汽车须是批量生产的小轿车或经过改装的车。短的拉力赛需要几天，长者可持续几十天。拉力赛将出发地到终止地之间的路程分成若干个行驶路段和赛段，在事先设定好的赛道上划出 20 至 30 处被称为 SS（Special Stage）的赛段，每个赛段最短为 3km，最长可达 30km，在沿途设有给养站和休息站。在行驶路段行驶时，参赛汽车受到一定的时速限制，并须按规定时间抵达各路段的终点，既不能提前也不能拖后。行驶中要遵守当地的交通规则，违反规则者将被扣分。在赛段中，赛车可以全速行驶，有时车速高达 200km/h 以上。车手驾驶赛车以最快速度通过赛段，决出比赛名次。拉力赛车要配备一名领航员，其坐在副驾驶席上，为赛车选手指示前进方向。在整个拉力赛结束时，以跑完全程累积时间最少和被扣分数最少的汽车和驾驶者为优胜者。

首次正式的汽车拉力赛于 1900 年在英国举行，全程长 1 600 多千米。路程最长的是1977 年举行的从英国伦敦到澳大利亚悉尼的拉力赛，全程长达 31 100 多千米，共用 46 天。目前世界著名的汽车拉力赛有巴黎至达喀尔拉力赛、欧洲的蒙特卡罗拉力赛和东非萨法里拉力赛等。国际汽车拉力赛每年设有世界拉力锦标赛（16 站）、欧洲拉力锦标赛（11 站，难度系数分 20/10/5/2）、亚洲拉力锦标赛（6 站）、非洲拉力锦标赛（5 站）、中东拉力锦标赛（6站）等众多大型国际赛事。中国也有自己的拉力赛事——全国汽车拉力锦标赛。

中国举行的第一次汽车拉力赛是 1907 年进行的北京至巴黎的拉力赛，全程 12 000 多千米。拉力赛（Rally）是汽车道路比赛项目之一，是在有路基的土路、砂砾路或者柏油路上进行，是一个既检验车辆性能和质量，又考验驾驶员驾驶技术的长途比赛。正式的汽车拉力赛从 1911 年开始举行。

五、卡丁车赛

卡丁车运动（见图 5-78）起源于 20 世纪 50 年代。

图 5-77 汽车拉力赛

图 5-78 卡丁车赛

卡丁车的英文名称是 ARTING。按国际运动规则的定义，卡丁车为有车厢或无车厢，四轮独立悬挂，持久地接触地面，两轮导向的比赛用车。它的结构十分简单，由钢管式车架、四个小车轮、转向系统、脚蹬（离合、油门、刹车）、风冷或水冷发动机、油箱、传动链护罩、车手座位、前后及左右防撞保险杠及护套组成。卡丁车是诸多赛车种类中的微型赛车。

卡丁车赛是赛车运动中最低的起步运动，是进入 F1 方程式赛车的"摇篮"。在欧洲也称"迷你方程式"。卡丁车比赛共分 6 大类，12 个等级。卡丁车比赛前的场地检查、车辆技术检验、比赛组织工作十分严格，与一级方程大赛一模一样，车辆所有的油料都必须经过专门的化验测定。在最早的时候，卡丁车是一些父母设计出来供子女在后花园或大型停车场玩耍的玩具，最初是用剪草机改装而成的，设备及发动机均非常简单。渐渐地卡丁车在性能及场地安全方面不断地改良及转型，再加上可供标准比赛用的场地纷纷落成，基于其入门技术及费用要求不是很高，所以迅速发展为一项老幼皆宜的运动项目，世界各地大大小小国际性赛事更应运而生。其中最具代表性的赛事是全欧洲卡丁车锦标赛和日本世界杯锦标赛。安全性方面，由于卡丁车的重心非常低，易于操控，所以卡丁车可算是赛车运动中最安全的一种车型。

成立于 1940 年的国际汽车联合会（FIA）在 1962 年成立了世界卡丁车联合会。中国汽车运动联合会"FASC"于 1995 年加入国际汽车联合会世界卡丁车联合会。1999 年，全国青少年卡丁车运动委员会与中国汽车运动联合会联合举行"99 全国少年卡丁车锦标赛"，该锦标赛在中国是首次举办。

技能训练

【技能训练目标】通过活动的开展使学生能够介绍 F1 等世界重大赛车运动。

【技能训练准备】学生以课外小组的形式搜集并整理汽车造型图片、汽车模型和汽车运动精彩赛事视频。

【技能训练步骤】教师在课前预留小组作业，布置学生搜集相关资源，在课上由学生展示。

【技能训练注意事项】小组分工明确。

【技能训练活动建议】活动在多媒体教室或赛车场进行。

单元小结

1. 中国汽车运动联合会主要任务是负责全国汽车运动的业务管理，组办国内外汽车比赛和体育探险活动，指导群众性活动，培训运动员、教练员和裁判员，参加国际交往和技术交流。这是中国境内管辖汽车运动唯一的全国性组织。

2. 方程式汽车赛有三个级别。

三级方程式，简称 F3。比赛规定的气缸容积为 2L，1.24×10^5W，发动机的功率为 125 kW。

二级方程式，简称 F2。比赛规定的气缸容积为 3L，3.49×10^5W，发动机的功率为 350 kW。

一级方程式，简称 F1。比赛规定的气缸容积为 3.5L，4.78×10^5W，1992 年提高到 5.73×10^5W，发动机功率为 440～515 kW。世界第一场一级方程式车赛于 1950 年 5 月 13 日在英国举行。

思考与练习

1. 什么是赛车运动？赛车运动起源于哪国？

2. 国际汽车运动联合会和中国汽车运动联合会的缩写分别是什么？主要职责是什么？

3. 第一次勒芒 24h 耐力赛是何时举行的？比赛如何分出胜负？

4. 方程式车赛有几个级别？哪一个是最高级别？

第六单元　汽车新技术与汽车未来

课题一　汽车电子化及控制网络化

❖ 学习目标

1. 了解汽车电子控制的新技术;
2. 了解汽车上的电子局域网络;
3. 能描述几种汽车新型电子控制技术并了解其在汽车领域的作用。

❖ 知识结构

课题一	现代汽车电子化的典型装置
	汽车控制网络化

问题导入

从第一辆汽车的诞生至今已经走过了 100 多年的历史,汽车生产已经从最初的手工作坊式的生产方式逐渐变成了机械化流水线的生产方式,汽车技术也由过去单纯的运用机械工程学原理逐渐发展为机械工程学、人体工程学、空气动力学、电子学、控制论、模糊数学、计算机控制工程、信息工程等多学科技术交叉的产物,现代汽车更具智能化和现代化。那你知道现代车辆上应用了哪些电子控制技术吗?

基本内容

汽车技术文化是汽车文化中不可分割的一部分,汽车电子化是汽车技术发展中的一次革命,是现代汽车水平的重要标志,是用来开发新车型、改进汽车性能最重要的技术措施。现代汽车电子技术的应用不仅提高了汽车的动力性和安全性,改善了汽车行驶的稳定性和舒适性,推动了汽车产业的发展,同时也是未来汽车技术发展的趋势。目前,电子技术的应用几乎深入到汽车所有的系统,如表 6-1 所示。

表 6-1　汽车电子技术应用

总　类　型	子　类　型	控　制　项　目
发动机控制系统	点火控制	点火提前角控制；闭合角控制；限流控制；停车断电保护控制；爆燃控制
	燃油喷射控制	喷油量控制；喷油正时控制；燃油泵控制
	怠速控制	自动怠速控制
	进气控制	空气引导通路切换；旋涡控制阀；增压控制
	排放控制	废气再循环（EGR）；燃油蒸汽排放控制（EVAP）；三元催化；氧传感器；二次空气喷射；活性炭罐电磁阀控制；CO 控制（VAF）
	故障自诊断系统	发动机故障自诊断系统；自动变速器故障自诊断系统；ABS 故障自诊断系统；SRS 故障自诊断系统
	其他控制	发动机电压控制；电动风扇控制；警告显示；备用功能与失效保护
底盘控制系统	电子自动控制变速器（ECT）	换挡控制；主油路液压油压力控制；自动模式选择控制；锁止离合器控制；发动机制动控制；发动机转速与转矩控制
	电控悬架（TEMS）	悬架刚度控制；悬架阻尼控制；车身高度控制
	驱动防滑/牵引力控制（ASR/TRC）	差速制动控制；发动机输出功率控制；综合控制
	巡航控制系统（CCS）	车速控制
	四轮转向控制	转向角的比例控制；横摆角速度比例控制
车身控制系统	安全性方面	安全气囊系统（SRS）；自动防抱死系统（ABS）；安全带控制；雷达防撞装置；倒车安全装置；防盗装置；车钥匙忘拔报警装置；语音开门（无钥匙）装置
	舒适性及方便性	自动空调系统；电动坐椅；电动车窗；电动后视镜；电动天窗；中控门锁；后窗除霜；音响、音像；小冷藏柜等
信息与通信系统	信息系统	电子仪表；中央综合显示系统；电子地图；前视窗显示；电子时钟
	通信系统	语音信息；车载蜂窝电话；多路传输系统；计算机网络；导航系统；全球定位系统；故障自诊断系统

一、现代汽车电子化的典型装置

早期的发动机电子控制系统主要侧重于点火系统，随着汽车排放法规的更加严格，化油器被燃油喷射系统所替代，不仅提高了汽车发动机的动力性，也减少了排污并节约了燃料消耗。应用最为典型的电子技术介绍如下。

（一）高能电子点火系统

传统的机械触点点火系统由于点火能量小，点火正时不可靠，尤其是高速点火性能差，终于被高能电子点火系统所取代。它根据传感器产生的点火信号，由点火控制器控制点火线圈的次级电压和放电时间，同时具备闭合角控制和停机自动断电保护等功能，加大了点火能量，克服了传统点火系统的缺点。美国通用汽车公司于 1977 年研制成功的高能电子点火系统，可对点火实行优化控制。目前我国汽车也开始采用高能电子点火系统，21 世纪此项技术被更为广泛地应用。

（二）电子汽油喷射系统

目前汽油喷射发动机趋于普及，如图 6-1 所示为发动机燃动喷射系统。一方面是其充气效率高、动力性能好，同时燃料消耗及排气污染降低，另一方面是电喷装置的价格随微处理芯片的普及而降低。电喷系统的电控单元能够根据发动机转速、压力、温度等信号，精确控制喷油器的开闭时间，从而为发动机提供合适的空燃比。在 20 世纪 80 年代，美国已把电子汽油喷射系统作为定型产品装车使用（如福特公司），它具有控制点火、燃油喷射、废气再循环、爆震控制、可变进气量调节、尾气控制等功能。我国进入 20 世纪 90 年代以来，上海桑塔纳 2000、一汽奥迪汽车也采用汽油喷射系统。随着中国发动机电控系统专业厂家的出现，中国的发动机电控技术有望得到较大的发展。

（三）电控自动变速器

为了改善车辆动力性能，简化驾驶操作，人们一直致力于自动变速器的开发应用。自 1950 年福特汽车公司研制成功三挡液力变速器，至 1981 年通用公司开发成功电控 4 挡液力自动变速器，完善了自动变速技术，如图 6-2 所示为电子控制自动变速系统。液力自动无级变速器也存在不足，如传动效率较低、结构复杂等。但因其无比优越的性能，自动无级变速器的应用仍相当普及。以轿车为例，20 世纪 80 年代以来，美国的装用率保持在 80%以上，日本也在 70%以上。我国目前已开发出电控机械自动变速器，它在机械变速器基础上使用微机控制，自动确定换挡时机及换挡程序，实现自动有级变速。其特点是传动效率高，且结构简单、成本低，但可靠性及使用性能还有待提高。

图 6-1 发动机燃油喷射系统

图 6-2 电子控制自动变速系统

控制系统微机化、自诊化点火、喷油和空燃比的控制采用了微机 ECU；液力式自动变速器采用了微机 ECT 控制；定速巡航采用了微机 CCS 控制（见图 6-3）；制动系统 ABS 化（防滑移）；驱动系统采用了微机 ASR 控制（防滑转）（见图 6-4）；车身高度和悬架刚度的调节采用了微机 ASC（见图 6-5）控制；碰撞保护系统采用安全气囊 SRS（见图 6-6）控制。控制系统微机化、报警自诊系统走向了代码化和语言化。这些技术都离不开传感器，传感器又叫"转换器"。它把非电量传给微机 ECU，ECU 又通过执行元件把电量变为非电量，完成自动化控制。

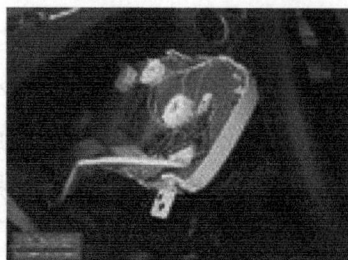

图 6-3 巡航控制系统

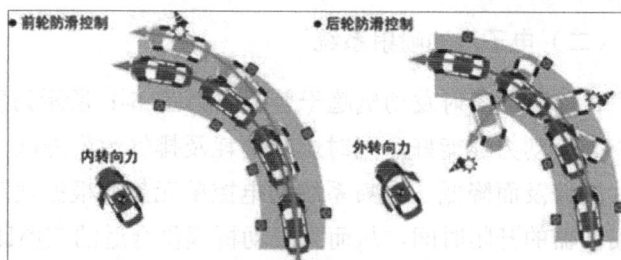

图 6-4 驱动防滑牵引力控制

图 6-5 电子悬挂系统

图 6-6 安全气囊

二、汽车控制网络化

　　随着汽车上燃油电喷、电动门窗、电动坐椅等电控系统的增加,如果还采用常规的布线方式,将导致汽车上的电线数量急剧增加。在一些高级乘用车上,电线的重量占到整车重量的 4%左右。电控系统的增加虽然提高了汽车的动力性、经济性和舒适性,但随之增加的复杂电路也降低了汽车的可靠性,增加了维修的难度。为了解决这些问题,电气控制线路已被广泛地应用到汽车电控系统,使汽车实现网络化管理。

　　所谓控制线路即数据总线,就是指在一条数据线上传递的信号可以被多个系统共享,从而最大限度地提高系统的整体效率,充分利用有限的资源。如果这种方式应用在汽车电气系统上,就可以大大简化目前的汽车电路。当然,数据总线还将使计算机技术融入整个汽车系统之中,加速汽车智能化的发展。因此,一种新的概念——汽车电子控制器局域网(Controller Area Network,CAN)的概念也就应运而生(见图 6-7),在国外尤其是在欧洲,CAN 已经成为必须采用的装置,奔驰、宝马、大众、沃尔沃及雷诺汽车都将 CAN 作为电子控制器联网的手段。由于我国的中高级汽车主要以欧洲车型为主,因此 CAN 技术也被广泛应用。

　　目前,汽车上的网络连接方式主要采用两根 CAN 总线,一根是用于驱动系统的高速 CAN 总线,另一根是用于控制车身系统的低速 CAN 总线,速率是 100kbps。驱动系统用 CAN 总线主要连接对象是发动机 ECU、ASR 及 ABSECU、SRSECU、组合仪表等。它们的基本特征相同,都是控制与汽车行驶直接相关的系统。车身系统用 CAN 总线主要连接对象是 4 门以上的集控锁、电动门窗、后视镜和厢内照明灯等。有些先进的轿车除了上述两根 CAN 总线外,还有第三根 CAN 总线,它主要负责卫星导航及智能通信系统。目前,驱动系统用 CAN 总线和车身系统用 CAN 总线这两根总线之间是独立的,彼此之间没有关系。

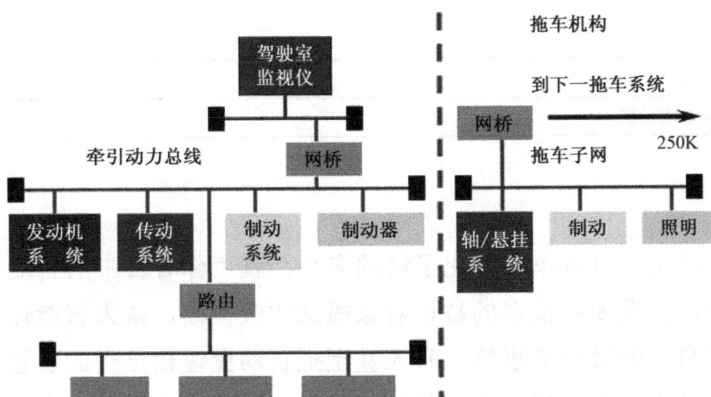

图 6-7　CAN 总线

现代汽车典型的控制单元有电控燃油喷射系统、电控传动系统、防抱死制动系统（ABS）、防滑控制系统（ASR）、废气再循环控制、巡航系统和空调系统。在一个完善的汽车电子控制系统中，许多动态信息必须与车速同步。为了满足各子系统的实时性要求，有必要对汽车公共数据实行共享，如发动机转速、车轮转速、油门踏板位置等。同时，CAN 总线协议解决了如果在同一时刻所有控制单元都向总线发送数据，将发生总线数据冲突的难题。

CAN 总线具有通信速率高、可靠性高、连接方便和性价比高等诸多优势，CAN 通信网络为全局优化控制提供了条件。

知识链接

电控系统的增加虽然提高了汽车的动力性、经济性和舒适性，但随之增加的复杂电路也降低了汽车的可靠性，增加了维修的难度。为了解决这些问题，电气控制线路已被广泛地应用到汽车电控系统。

K 线与 CAN 线的区别：在大众车系里，K 线一般用于检测系统，属单线模式，与诊断仪器连接并相互传递数据。CAN 线主要用于控制单元与控制单元之间传递数据，属双线模式，分为高位线和地位线。

课题二　汽车智能化和智能运输系统

❖ 学习目标

1. 了解汽车的智能化和智能运输系统；
2. 能列举出汽车常用的智能系统或设备。

❖ **知识结构**

课题二	智能汽车
	智能运输系统

🔊 **问题导入**

如为了解国内消费者对汽车智能化了解的多少，就"你心目中的智能化汽车是什么样的？"做一项调查，会发现有很多的被访对象概念比较模糊，认为智能化汽车就是操控起来比较简单，汽车自己能做很多事情，有人甚至把自动变速箱这类的装置也当做了汽车智能化的一部分；有的人认为智能化汽车就是加进了一些计算机设备，它们能根据驾驶环境主动帮助驾驶者完成一些动作；只有很少的人能描绘出智能化汽车的大致技术特点（见图6-8）。那你们心目中的智能化汽车是什么样的呢？

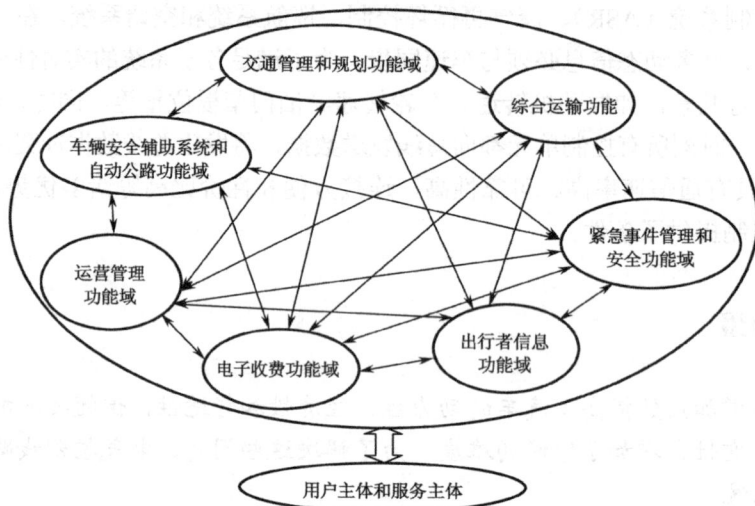

图 6-8　智能化汽车技术特点

📀 **基本内容**

一、智能汽车

智能汽车是利用 GPS 和智能公路技术实现的一种自动导航的无人驾驶新型汽车。目前主要是智能公路的条件还不具备，但在技术上已经可以解决。

未来的智能汽车全部用计算机控制，包括 4 个主要部分：交通信息的自动处理、自动驾驶、故障自动诊断和自动空调。

1．交通信息的自动处理部分

交通信息的自动处理部分能通过地球卫星定位系统即 GPS 定位系统——地面接收站及汽车内的一套存有全国高速公路、普通公路、城市道路及各种服务设施（餐饮、旅馆、加油站、景点、停车场）等信息资料的电子地图，确定现在所处的地理位置和要到达的目的地，同时为你提供各条路线的路面状况、交通流量、气候条件等情况，帮你选择路面好、行车距离短且无交通阻塞的最佳行车路线。

2．汽车自动驾驶部分

汽车自动驾驶部分就好像是一个超级机器人，能代替人驾驶汽车。汽车的前后左右都安装有红外线摄像机，它们不停地对汽车周围的情况进行扫描和监视。车内的计算机、光学感应仪器等随时对红外线摄像机传来的信息进行综合分析，并向执行系统发出指令，从而准确、安全地操纵汽车。在车辆行驶过程中，通过安装在车身前部的微波雷达传感器，实现车间距离的自动检测功能，并能自动控制油门和制动装置。通过车载雷达随时对周围车辆的运行状态进行监视，当发现周围的车辆与自己的车辆距离过近时，会自动发出警报，提醒驾驶员注意。

3．故障自动诊断部分

故障自动诊断部分会对车上的各个零部件、系统不停地进行巡回检查，发现故障后能自动修复。如果问题很严重而不能自动处理时，就立即报警并发出停止行驶的指令，以避免事故的发生。

4．自动空调系统

自动空调系统可以根据外界的气候条件，按照车内温度、湿度、空气清洁度，传感器传来的信息进行分析、判断，自动打开调温、去湿、空气净化等功能，将车内的环境调节到最佳水平。

5．驾驶员状态监测系统

可对驾驶员在驾驶过程中的精神状态进行监控。当发现异常时会报警，严重情况下会自动关闭发动机，以保持驾驶的安全性。

6．声控技术

随着汽车功能的增加，驾驶员还可借助车内设备通过卫星通信设备连接计算机网络，进行声音控制。

7．其他

电子自动控制的悬架系统可进一步提高车辆行驶中的稳定性，即使发生碰撞，新型的安全气囊也会根据乘客的不同而自动调整安全气囊的膨胀速度和力量的大小，能使人员伤亡的可能性降低到最低点。

二、智能运输系统

1. 智能运输系统的形成

随着社会经济的不断发展和人们生活水平的普遍提高，整个社会对交通运输的需求日益增加。虽然世界各国已经或正在投入大量财力于交通基础设施的建设，但交通状况恶化及其伴随的安全事故、空气污染等一系列问题越来越困扰着很多国家。交通运输对经济发展的制约作用不同程度地普遍存在于每个国家和地区，如何解决大城市周围地区交通拥挤和堵塞现象几乎成了最为棘手解决的难题之一。

交通量的持续增长是造成这种状况的最根本原因，传统的解决途径：一是加大交通基础设施建设的投入，但道路基础设施是不可能无限扩展的；二是通过法律和行政的手段限制交通流量，控制车辆出行，如按车牌单、双号分别行驶；三是鼓励和发展公共交通，减少私家车的使用，控制汽车保有量，以高额的税费甚至控制上牌等手段来限制汽车数量的发展。但这些方法只能短期奏效，有失公平、合理。于是人们希望通过提高技术的方法提高现有道路的利用率，提高道路交通的安全程度和道路使用的舒适性，因此智能运输系统（ITS）应运而生。

2. 智能运输系统（ITS）基本概念

智能运输系统就是集信息处理、通信、控制以及高科技的电子技术等最新的科研成果于一体，并应用于交通运输网络中。将服务对象的重点由以往的管理者转向道路使用者，用先进的科技手段向道路用户提供必要的信息和便捷的服务，以减少交通堵塞，从而达到提高道路通过能力的目的。智能运输系统将道路管理者、用户、交通工具及设施有机地结合起来并纳入系统之中，提高了交通运输网络这个大系统的运行效率。

3. 智能运输系统的功能

智能运输系统的功能包括以下几个主要方面：信息提供、安全服务、计收使用费和减少交通堵塞等。

信息提供是系统向道路管理者和用户提供的道路交通情况的实时信息及相关的其他信息，如天气信息等；

安全服务的内容则有危险警告、人车事故预防、行车辅助等，它们通过不同的方式来帮助减少交通事故；

计收使用费主要是以电子方式自动地向用户收取道路使用费或车辆停放费等。

系统还可以根据人们的需要提供更多的服务。智能运输系统主要包括智能信息服务子系统、智能车辆子系统、智能道路子系统和智能交通管理子系统4个方面。

知识链接

汽车智能系统技术日渐完善，随着汽车智能化程度越来越高，汽车的安全性和驾驶的便利性都在不断提升。汽车能否完全智能化的核心在于电子技术的发展及应用。

课题三　汽车新材料及其应用

❖ 学习目标

1. 了解汽车材料的发展趋势；
2. 能叙述出汽车新型材料的种类、特点及应用举例。

❖ 知识结构

课题三	汽车新型结构材料
	汽车新型功能材料

案例导入

在已召开的上海国际汽车材料与汽车制造设备展览会上，展会从汽车生产过程中最直接、最基础的部分入手，通过大同特殊模具钢、宝钢集团的车用钢板、华谊集团的化工原材料、耀华皮尔金顿的汽车玻璃、HENKEL 的汽车表面处理技术等新型材料、设备和技术的展示，从整车到汽车零部件都淋漓尽致地体现着"轻量型、节能型、环保型"新型材料在汽车上的应用现状及未来趋势。

基本内容

随着科学技术的飞速发展，现代汽车制造材料的构成，发生了较大的变化，高密度材料使用比例下降，低密度材料有较大幅度的增加，可以说，从 20 世纪 90 年代开始，为满足汽车节能、环保、安全、舒适的要求，汽车材料向轻量化、节省资源、高性能和高功能方向发展。铝及其合金、镁合金、塑料、纳米材料等在汽车领域的应用都对汽车的发展产生了重大的影响。

一、新型结构材料

1. 铝及其合金

铝及其合金已成为仅次于钢材的汽车用金属材料（见图 6-9），能够为汽车提供各种铝及其合金的铸件、冲压结构件和拉制的铝型材。铝及其合金主要用于制造发动机缸体、活塞、进气支管、气缸盖、变速器壳体、轿车的骨架、车身、坐椅支架、车轮等部件。

2. 镁合金

镁合金（见图 6-10）有比重小、强度高、刚性好、抗冲击和抗振动性能好、加工性能好、散热性能好和屏蔽性能好等优点。

镁合金在现代汽车上将得到广泛应用，镁合金是汽车的仪表板、方向盘、转向器导柱和坐椅支架等的理想材料。

图 6-9　长城 gw4g15 全铝发动机

图 6-10　镁合金车轮

3. 钛合金

钛的比重为 $4.6g/cm^3$，仅是铁的1/2，但强度和硬度超过了钢，且不易生锈。用钛合金铸造的汽车发动机部件更轻、更坚固和更耐腐蚀，钛合金车身（见图 6-11）可以承受更大的作用力。

4. 工程塑料

工程塑料（见图 6-12）用于汽车，可实现轻量化和节能，且可回收和循环利用。目前 6 大类的塑料：PP、PUR、PVC、ABS、PA 和 PE 在汽车上得到广泛的应用，通常用于制造车身覆盖件、车门门槛、车身内外装饰件和水箱面罩、保险杠和车轮护罩等。

图 6-11　钛合金排气管

图 6-12　工程塑料制作的汽车风扇

5. 陶瓷材料

由于陶瓷本身具有的特殊力学性能及对热、电、光等的物理性能，陶瓷材料特别是特种陶瓷在汽车上的应用日益受到人们的重视（见图 6-13）。我国已成功研制钛酸铝陶瓷—铝合金复合排气管、氮化硅陶瓷柴油机涡轮增压转子和球轴承等汽车部件。

6. 复合材料

复合材料是一种多相材料，是由有机高分子、无机非金属和金属等原材料复合而成的。目前玻璃纤维增强树脂复合材料和碳纤维增强树脂复合材料在汽车上已经获得成功的应用（见图 6-14）。

图 6-13　陶瓷制动系统

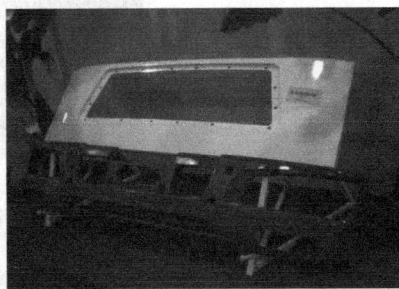

图 6-14　SMC 复合材料在汽车零部件的应用

玻璃纤维增强树脂复合材料耐腐蚀、绝缘性好，特别是有良好的可塑性，对模具要求较低，对制造车身大型覆盖件的模具加工工艺较简易，生产周期短，成本较低。在轿车和客车上，采用玻璃纤维增强树脂复合材料可制造轿车车身覆盖件、客车前后围覆盖件和货车驾驶室等零部件。

二、新型功能材料

1. 稀土材料

中国稀土资源丰富，居世界前列。中国稀土储量占世界已探明资源的 80%，为我国大力开发稀土材料提供了得天独厚的条件。

使用汽车废气净化催化剂是控制汽车废气排放、减少污染的最有效手段。含稀土的汽车废气净化催化剂价格低、热稳定性好、活性较高，使用寿命长，引起了人们的广泛关注。

汽车废气净化稀土催化剂所用的稀土成分主要是氧化铈、氧化镧和氧化镨等。用于汽车废气净化催化剂的载体通常为蜂窝陶瓷，稀土还可以作为陶瓷载体的稳定剂及活性涂层材料等。

2. 纳米材料

纳米科技是 21 世纪科技产业革命的重要内容之一，它是高度交叉的综合性学科，包括物理、化学、生物学、材料科学和电子学。它不仅包含以观测、分析和研究为主线的基础学科，还有以纳米工程与加工学为主线的技术科学，所以纳米科学与技术也是一个融前沿科学和高技术于一体的完整体系。

纳米技术将在汽车上的结构材料、节能、环保等方面获得广泛的应用。纳米陶瓷材料具有耐磨性和质量减小、稳定性增强等特点。纳米陶瓷轴已经应用在奔驰等高级轿车上，使机械转速加快、质量减小、稳定性增强、使用寿命延长。图 6-15 所示显示出纳米材料的疏水原理。纳米汽油是一种利用现代最新纳米技术开发的汽油微乳化剂，纳米汽油可以降低油耗 10%～20%，可降低废气中有害气体含量 50%～80%。

图 6-15　纳米材料的疏水原理

　　纳米润滑剂是采用纳米技术改善润滑油分子结构的石油产品，它不对任何润滑油添加剂、稳定剂、处理剂、发动机增润剂或减磨剂等产生不良作用，只是在零件金属表面自动形成纯烃类单个原子厚度的一层薄膜。

　　纳米增强增韧塑料可以代替金属材料，由于它们比重小、重量轻，因此广泛用于汽车上可以大幅度减轻汽车重量，达到节省燃料的目的。它可以用于汽车上的保险杠、坐椅、翼子板、顶棚盖、车门、发动机盖、行李舱盖以及变速器箱体、齿轮传动装置等一些重要部件。抗紫外线老化塑料能够吸收和反射紫外线，比普通塑料的抗紫外线能力提高 20 倍以上，能有效延长其使用寿命。无机纳米抗菌塑料加工简单，广谱抗菌，24h 接触杀菌率达 90%，无副作用，可以用在车门把手、方向盘、坐椅面料、储物盒等易污部件上。

课题四　新能源汽车

❖ 学习目标

1. 了解新能源汽车的含义，及其对社会的影响；
2. 列举出几种新能源汽车。

❖ 知识结构

课题四	新能源汽车
	中国新能源汽车的发展

案例导入

　　通过近些年的发展，德、日、美这三个国家的汽车厂家对清洁能源汽车的研发，已经显示出各自不同的特点，走出了三条不同的路线。从目前来看，德国走的是清洁柴油机路线，美国走的是燃料电池的高科技路线，日本则是混合动力的现实主义路线。

基本内容

　　新能源汽车即清洁能源汽车是指以含混合动力、纯电动(BEV，包括太阳能)、燃料电池

电动（FCEV）、氢发动机、其他新能源（如高效储能器、二甲醚）等类清洁能源为动力的汽车。与使用汽油、柴油作为燃料的常规汽车不同，节能环保的新能源汽车一般分为 4 种：使用天然气、生物质燃料、煤基燃料等作为油燃料的代用燃料汽车；使用汽油、柴油或代用燃料但增加混合电动系统从而具有显著节油效果的混合动力汽车；单纯从电网取电使用蓄电池和电动系统驱动的纯电动汽车；利用车载氢燃料电池发电和电动系统的燃料电池汽车。

全球汽车业选择发展清洁能源汽车是迫于能源短缺和环境污染的双重压力。全球汽车保有量约在 9 亿辆左右，加上其他工业民间的用油，每天消耗原油 1000 万吨，每年消耗原油近 40 亿吨。照此速度，地球上的原油还有 40 年将面临枯竭，此外汽车排放的二氧化碳占人类排放总量的 20%，对环境造成了严重的污染。这种严重的现实迫使汽车工业不得不寻求新的出路，那就是必须开发清洁能源汽车。

一、新能源汽车

（一）电动汽车

电动汽车（见图 6-16）是指以车载电源为动力，用电动机驱动车轮行驶，符合道路交通、安全法规各项要求的车辆。电动汽车的优点是：它本身不排放污染大气的有害气体，即使按所耗电量换算为发电厂的排放，除硫和微粒外，其他污染物也显著减少，由于电厂大多建于远离人口密集的城市，对人类伤害较少，而且电厂是固定不动的，集中排放，清除各种有害排放物较容易，也已有了相关技术。另外由于电力可以从多种一次能源获得，如煤、核能、水力等，这可以解除人们对石油资源日渐枯竭的担心。电动汽车还可以充分利用晚间用电低谷时富余的电力充电，使发电设备日夜都能充分利用，大大提高其经济效益。有些研究表明，同样的原油经过粗炼，送至电厂发电，经充入电池，再由电池驱动汽车，其能量利用效率比经过精炼变为汽油，再经汽油机驱动汽车高，因此有利于节约能源和减少二氧化碳的排量。正是这些优点，使电动汽车的研究和应用成为汽车工业的一个"热点"。

图 6-16 欧宝 Ampera 电动车

目前，电动汽车分为蓄电池式、混合动力式和燃料电池式三种。

1. 蓄电池式电动汽车

蓄电池式电动汽车（见图 6-17）的基本形式是将其他能源转变为电能并贮存于蓄电池中作为汽车的动力源。它的优点是没有排放污染，缺点是当前使用的蓄电池性能还不理想，单位重量存储的能量太少，一次充电后汽车行驶里程较短（50～100km），个别样车可达

550km。还因为电动汽车的电池较贵，又没形成经济规模，故购买价格较贵。至于使用成本，有些试用结果比汽车贵，有些结果仅为汽车的 1/3，这主要取决于电池的寿命及当地的油、电价格。同时充电、维修等基础设施的建设也需要大量的资金。

图 6-17 世博会的蓄电池式电动汽车

2. 混合动力电动汽车

混合动力电动汽车（见图 6-18）是指车上装有两个以上动力源，包括有电机驱动，符合汽车道路交通、安全法规的汽车，车载动力源有多种：蓄电池、燃料电池、太阳能电池、内燃机车的发电机组，当前混合动力电动汽车一般是指内燃机车发电机，再加上蓄电池的电动汽车。混合动力电动汽车的优点是：

（1）采用复合动力后，按平均需要的功率来确定内燃机的最大功率，此时处于油耗低、污染少的最优工况下工作。需要大功率内燃机时，由电池来补充；负荷小时，富余的功率可发电给电池充电，由于内燃机可持续工作，电池又可以不断得到充电，故其行程距离可以达到和普通汽车一样。

（2）因为有了电池，可以十分方便地回收制动时、下坡时、怠速时的能量。

图 6-18 首次完成 5.2 万千米环球旅行的太阳能汽车

（3）在繁华市区，可关停内燃机，由电池单独驱动，实现"零"排放。

（4）有了内燃机可以十分方便地解决耗能大的空调、取暖、除霜等纯电动汽车遇到的难题。

（5）可以利用现有的加油站加油，不必再投资。

（6）可让电池保持在良好的工作状态，不发生过充、过放，延长其使用寿命，降低成本。

混合动力电动汽车有三种基本的工作方式，即串联式、并联式和串并联（或称混联）式。

混合动力驱动汽车的缺点是：有两套动力，再加上两套动力的管理控制系统结构复杂，技术较难，因此价格较高。

3. 燃料电池式汽车

燃料电池是把燃料中的化学能直接转化为电能的能量转化装置，它从外表上看有正、负极和电解质等，像一个蓄电池，但实质上它不能"储电"而是一个"发电厂"。燃料电池的优点是：

（1）能量转化效率高。燃料电池的能量转换效率可高达60%～80%，为内燃机的2～3倍。

（2）不污染环境。燃料电池的燃料是氢和氧，生成物是清洁的水，它本身工作不产生CO和CO_2，也没有硫和微粒排出，没有高温反应，也不产生NO_x。如果使用车载的甲醇重整催化器供给氢气，仅会产生微量的CO和较少的CO_2。

（3）寿命长。燃料电池本身工作没有噪声，没有运动性，没有震动，其电极仅作为化学反应的场所和导电的通道，本身不参与化学反应，没有损耗，寿命长。

（二）燃气汽车

燃气汽车主要有液化石油气汽车（简称LPG汽车或LPGV）和压缩天然气汽车（简称CNG汽车或CNGV）。燃气汽车具有排放污染小（如CO排放量比汽油车减少90%以上，碳氢化合物排放减少70%以上，氮氧化合物排放减少35%以上）、热值较高、成本低的优点，是目前较为实用的低排放汽车，并被视为有发展前途的清洁燃料汽车。

1. 液化石油天然气汽车（LPG汽车）

液化石油天然气汽车是以液化石油气为燃料的汽车。该燃料是以丙烷（C_3H_8）、丁烷（C_4H_{10}）为主要成分的石油产品，有车用丙烷和车用丙丁烷混合物两种。LPG汽车发动机的燃料供给系统与汽油机不同，它包括储气瓶、电磁阀、预热器、混合器等。据统计，到1997年年底，世界上液化石油气汽车有401.1万辆。

2. 压缩天然气汽车（CNG汽车）

压缩天然气汽车是以压缩天然气为燃料。天然气的主要成分是甲烷（CH_4），主要分布在陆地和海洋大陆架，资源非常丰富。CNG汽车发动机的燃料供给系统同样与汽油机不同，它包括压缩天然气钢瓶、截止阀、压力表、电磁阀、减压阀、混合器等。据统计，到1997年年底，全世界有天然气汽车104.69万辆。根据国际IANGV组织的统计资料，截至2000年年末，中国天然气汽车拥有量从1999年年底的1.02万辆增长到3.6万辆，加气站70座，在全世界范围内排名第六。

（三）醇类汽车

醇类汽车是指以甲醇（CH_3OH）或乙醇（C_2H_5OH）等醇类物质为燃料的汽车。醇类燃

料是可再生的资源，可由一些廉价原料制造，与汽油和柴油相比，燃烧更完全，CO_2 的排放量也比燃用汽油和柴油的汽车低。因此，醇类燃料受到许多国家的重视。目前美、德、加、法、日、瑞典、新西兰等发达国家政府和汽车公司，也推动醇类燃料的研究试验和示范推广，并由国家议会列为清洁燃料。例如，在美国，相当一部分商用汽油含有 10% 的乙醇，2000 年前，美国加州有 1/3 的汽车燃用乙醇。同时，全球有 40 多个国家和地区开发和应用了醇类汽车，尤其在盛产甘蔗的巴西，大部分汽车燃用纯乙醇或掺兑约 20% 的乙醇。

根据醇类燃料的来源情况，能生产甲醇的原料有煤、木柴、天然石油、天然气等，资源丰富，但是用天然气制取甲醇实不可取，以煤炭制取甲醇技术尚有待突破性的进展。乙醇来源广泛，制取技术成熟，主要是以玉米、小麦、薯类、糖蜜植物等为原料，经发酵、蒸馏而制成。最新的一种利用纤维素原料生产乙醇的技术可利用的原料几乎包括了所有的农林废弃物、城市生活有机垃圾和工业有机废弃物。因此，醇类燃料中乙醇具有更广泛的应用前景。

目前，醇类汽车多使用乙醇与汽油或柴油以任意比例掺和的灵活燃料驱动，既不需要改造发动机，又起到良好的节能、降污效果，但这种掺和燃料要获得与汽油或柴油相当的功率，必须加大燃油喷射量，当掺醇率大于 15%～20% 时，应改变发动机的压缩比和点火提前角。乙醇燃料理论空燃比低，对发动机进气系统要求不高，自燃性能差，辛烷值高，有较高的抗爆性，挥发性好，混合气分布均匀，热效率较高，汽车尾气污染可减少 30% 以上。这种汽车最早由福特公司在 20 世纪 80 年代中期开发，到 2003 年年底，美国有 230 多万辆乙醇汽车，其中多数是道奇和克莱斯勒厢式车，到 2003 年已卖出 233 466 辆。

（四）氢气汽车

氢气汽车（见图 6-19）是以氢气直接作为燃料的汽车，以氢气为原料的燃料电池汽车一般归属于电动汽车。在常温常压下，氢气是无色、无味、无毒的气体。在地球上氢气的储量十分丰富，可以从用之不竭的水中制取，氢气汽车的尾气排放对大气的污染极少，因此，氢是十分理想的清洁燃料。

氢气汽车在应用上的主要问题是氢气的制取和存储。氢气的制取方法很多，各有特点，可以由矿物燃料（如天然气、煤、渣油等）制氢，但是对环境污染较大；也可以由水制氢，但是成本较高。

目前，人们正在进一步研究降低太阳能发电制氢的成本。

图 6-19　长安氢动力概念跑车"氢程"

氢气的存储和运输也存在许多技术难题。氢气的存储方式可以分为两大类，即化学方法和物理方法。前者是存储于氢金属、氨、水或甲醇等中；后者以高压方式存储于气罐中，或者经深冷后以液态氢的形式存储起来。目前无论什么存储方式，都存在许多弊端。气态储氢要求容器有足够的强度和良好的密封性，并要注意氢对材料的侵蚀性及导致脆裂的可能。同时气态氢密度低的缺点很突出，解决必要的行驶里程相当困难，已被德国奔驰和巴依尔两大汽车公司所否定。液态氢的存储要求-253℃的超低温，绝热性能良好的冷藏箱正在研制中。金属氢化物的存储容易引起金属的脆裂。氢气汽车的现状和前景，仍处于基础研究阶段，有希望成为未来汽车的重要组成部分，但是前景很难估量。

二、中国新能源汽车的发展

中国新能源汽车产业始于 21 世纪初。2001 年，新能源汽车研究项目被列入国家"十五"期间的"863"重大科技课题，并规划了以汽油车为起点，向氢动力车目标挺进的战略。"十一五"以来，我国提出"节能和新能源汽车"战略，政府高度关注新能源汽车的研发和产业化。

2008 年，新能源汽车在国内已呈全面出击之势。2008 年成为我国"新能源汽车元年"，这一年新能源汽车的销量增长主要是乘用车的增长。

2009 年，国家出台了密集的扶持政策，我国新能源汽车驶入快速发展轨道。2009 年 1～11 月，新能源乘用车销量同比下降 61.96%。而新能源商用车——主要是液化石油气客车、液化天然气客车、混合动力客车等销量同比增长 178.98%。相比在乘用车市场的冷遇，"新能源汽车"在中国商用车市场已开始迅猛增长。

2010 年，我国加大了对新能源汽车的扶持力度。自 2010 年 6 月 1 日起，国家在上海、长春、深圳、杭州、合肥等 5 个城市启动私人购买新能源汽车补贴试点工作。2010 年 7 月，国家将节能与新能源汽车示范推广试点城市由 20 个增至 25 个，新能源汽车进入全面政策扶持阶段。

在"十二五"期间即 2011—2015 年，我国新能源汽车将正式迈入产业化发展阶段，在全社会推广新能源城市客车、混合动力轿车、小型电动车。在"十三五"期间即 2016—2020 年，我国将进一步普及新能源汽车、多能源混合动力车、插电式电动轿车、氢燃料电池轿车。这些新型能源的汽车将逐步进入普通家庭。

技能训练

【技能训练目标】通过相关知识的文件检索、讲演，训练学生对汽车新技术的了解。

【技能训练准备】学生以课外小组的形式利用网络资源搜集并整理汽车新技术及汽车未来发展信息。

【技能训练步骤】教师在课前预留小组作业，布置学生搜集相关图片和信息。在课上分小组由代表展示小组作品。教师给予点评。

【技能训练注意事项】小组分工明确。

【技能训练活动建议】活动在多媒体教室进行，分小组展示图片信息、组内交流。

单元小结

1. 早期的发动机电子控制系统主要侧重于点火系统，随着汽车排放法规的更加严格，化油器被燃油喷射系统所替代，不仅提高了汽车发动机的动力性，也减少了排污并节约了燃料消耗。

2. 控制线路即数据总线，就是指在一条数据线上传递的信号可以被多个系统共享，从而最大限度地提高系统的整体效率，充分利用有限的资源。

3. 智能汽车是利用 GPS 和智能公路技术实现的一种自动导航的无人驾驶新型汽车。

4. 为满足汽车节能、环保、安全、舒适的要求，汽车材料向轻量化、节省资源、高性能和高功能方向发展。铝合金、镁合金、塑料、纳米材料等在汽车领域的应用都对汽车的发展产生了重大的影响。

思考与练习

1. 为什么要用汽车总线技术取代传统的电子连线方式？

2. 目前汽车发展面临的难题是什么？未来汽车的发展方向是什么？

3. 制造节能汽车使用的材料有哪些？它们有何特点？

4. 环保汽车使用的清洁燃料有哪些？它们各有什么优缺点？

5. 智能汽车的含义是什么？各国的研究状况如何？

读者意见反馈表

书名：汽车文化　　　　　　主编：韩永刚　　　　　　责任编辑：杨宏利

> 　　谢谢您关注本书！烦请填写该表。您的意见对我们出版优秀教材、服务教学，十分重要。如果您认为本书有助于您的教学工作，请您认真地填写表格并寄回。**我们将定期给您发送我社相关教材的出版资讯或目录，或者寄送相关样书。**

个人资料

姓名＿＿＿＿＿年龄＿＿＿联系电话＿＿＿＿＿＿＿（办）＿＿＿＿＿＿＿（宅）＿＿＿＿＿＿＿（手机）

学校＿＿＿＿＿＿＿＿＿＿＿＿＿＿＿＿专业＿＿＿＿＿＿＿职称/职务＿＿＿＿＿＿＿＿＿＿＿

通信地址＿＿＿＿＿＿＿＿＿＿＿＿＿＿邮编＿＿＿＿＿E-mail＿＿＿＿＿＿＿＿＿＿＿

您校开设课程的情况为：

本校是否开设相关专业的课程　□是，课程名称为＿＿＿＿＿＿＿＿＿＿＿＿＿＿　□否

您所讲授的课程是＿＿＿＿＿＿＿＿＿＿＿＿＿＿＿＿＿＿＿课时＿＿＿＿＿＿＿＿＿＿＿

所用教材＿＿＿＿＿＿＿＿＿＿＿＿＿出版单位＿＿＿＿＿＿＿＿＿印刷册数＿＿＿＿＿

本书可否作为您校的教材？

□是，会用于＿＿＿＿＿＿＿＿＿＿＿＿＿＿课程教学　　□否

影响您选定教材的因素（可复选）：

□内容　　　　□作者　　　　□封面设计　　□教材页码　　　□价格　　　□出版社

□是否获奖　　□上级要求　　□广告　　　　□其他＿＿＿＿＿＿＿＿＿＿＿＿＿＿＿＿

您对本书质量满意的方面有（可复选）：

□内容　　　　□封面设计　　□价格　　　　□版式设计　　　□其他＿＿＿＿＿＿＿＿＿

您希望本书在哪些方面加以改进？

□内容　　　　□篇幅结构　　□封面设计　　□增加配套教材　□价格

可详细填写：＿＿＿＿＿＿＿＿＿＿＿＿＿＿＿＿＿＿＿＿＿＿＿＿＿＿＿＿＿＿＿＿＿＿＿
＿＿

您还希望得到哪些专业方向教材的出版信息？

＿＿

感谢您的配合，可将本表按以下方式反馈给我们：

【方式一】电子邮件：登录华信教育资源网（http://www.hxedu.com.cn/resource/OS/zixun/zz_reader.rar）下载本表格电子版，填写后发至 bain@phei.com.cn

【方式二】邮局邮寄：北京市万寿路 173 信箱　中职教育分社（邮编：100036）

如果您需要了解更详细的信息或有著作计划，请与我们联系。

电话：010-88254592

反侵权盗版声明

电子工业出版社依法对本作品享有专有出版权。任何未经权利人书面许可，复制、销售或通过信息网络传播本作品的行为；歪曲、篡改、剽窃本作品的行为，均违反《中华人民共和国著作权法》，其行为人应承担相应的民事责任和行政责任，构成犯罪的，将被依法追究刑事责任。

为了维护市场秩序，保护权利人的合法权益，我社将依法查处和打击侵权盗版的单位和个人。欢迎社会各界人士积极举报侵权盗版行为，本社将奖励举报有功人员，并保证举报人的信息不被泄露。

举报电话：（010）88254396；（010）88258888
传　　真：（010）88254397
E-mail：　dbqq@phei.com.cn
通信地址：北京市万寿路 173 信箱
　　　　　电子工业出版社总编办公室
邮　　编：100036